KB212196

무교 巫敎

― 권력에 밀린 한국인의 근본신앙

巫教

무교—권력에 밀린 한국인의 근본신앙

최준식 지음

모시는사람들

이 책을 처음 출간한 지가 벌써 15년이 되었다니 감회가 새롭다. 그뿐만 아니라 개정판을 내자고 하니 '그간 이 책이 사람들에게 잊히지는 않았구나' 하는 안도감도 든다. 출판사 말로는 이 책이 적은 양이지만 그동안 꾸준히 나갔다고 하니 참으로 다행이라는 생각이 든다. 나는 이 책을 처음에 낼 때 판매에 대해 그다지 기대하지 않았다. 왜냐하면 내 눈에는 한국인들이 자신의 고유 신앙인 '무교'에 별 관심이 없는 것처럼 보였기 때문이다. 그런데 이 책이 그동안 꾸준히 팔렸다고 하니 내 생각이 적중하지 않은 것이 되었다.

나는 이 책이 낮은 수준에서나마 '스테디셀러'처럼 판매된 이유를 스스로 생각해 보았다. 그것은 내가 한국 무교에 접근하는 관점을 다른 관련서들과 다르게 잡았기 때문이 아닐까 한다. 한국 무교에 관해서는 많은 연구가 있고 훌륭한 단행본도 많다. 그런데 대부분의 연구는 하나의 주제에 한정되는 경우가 많다. 예를 들어 '제주 무속(무교)'이 어떻다느니 '무신도(巫神道)

나 무가(巫歌)가 어떻다느니' 하는 주제 같은 것 말이다.

그런 서적에 비해 이 책은 한국의 무교를 좀 더 넓은 시각에서 그리고 실존적인 관점에서 접근하고 있다. 예를 들어 한국 무교를 세계 종교 가운데 하나로 놓고 그것이 전 인류 종교에서 어떤 위치에 있는지를 살펴보는 것이다. 또 한국 무교를 미신으로 치부하는 경향이 강한데, 그게 왜 크게 잘못된 생각인지도 밝혀 보았다. 그다음에는 무교가 한국종교사에서 차지하는 자리에 대해서도 살펴보았다. 이것은 한국무교사를 재해석하는 과정에서 이루어졌는데, 이런 식의 접근은 다른 연구에서는 좀처럼 보이지 않는다.

그뿐만이 아니다. 한국 사회를 이해하는 하나의 통로로도 무교를 활용해 보았다. 이것은 무교가 한국의 사회문화나 예술 등이 형성되는 데에 어떤 역할을 하는지를 알아보기 위한 시도였다. 그 결과 한국의 문화는 그 밑동까지 내려가 보면 무교와 닿는 부분이 많다는 것을 알게 되었다. 예를 들어 한국인들이 '음주가무'에 관한 한 전 세계적으로 둘째가라면 서러운 사람처럼 됐는데 이 현상은 무교와 관계가 있을 수 있다고 진단한 것이 그것이다. 그런가 하면 한국의 전통문화 가운데 판소리나 살풀이 같은 민속 음악과 춤은 무교로부터 태동된 것을 확인할 수 있었다. 이런 식의 접근을 통해 우리는 이 무교가 21세기에 살고 있는 한국인에게 어떤 의미가 있는지 새삼스럽게 알 수 있을 것이다. 많은 한국인들이 여전히 이 무교가 생명력이 얼마나 강한지 잘 모른다. 아무리 과학이 발전하고 미신이라고 찍어 눌러도 한국 무교는 언제든 머리를 쳐들고 나온다.

나는 종종 한국인들이 무교에 대해 이중적인 태도를 취한다고 주장했다. 스스로는 미신이라고 낙인찍다가도 외국인들에게 가장 한국적인 것을 알릴라치면 무당을 소재로 잡는 경우가 꽤 있기 때문이다. 그 적나라한 예를 들어 보면, 2017년에 이희문 씨가 주축이 된 밴드 '씽씽'이 'NPR Tiny Desk Concert'에 출연해 한국 민요를 불러댔다. 그런데 이 프로그램은 아무나 출연할 수 있는 것이 아니라 '아델' 같은 세계 최고의 음악가들만 나가는 것으로, BTS도 출연한 세계 최고의 무대다. 씽씽 밴드가 이런 무대에 선 것이다. 그런데 이 프로그램에 나갔을 때 그들의 의상 콘셉트가 무당이었다. 그래서 어찌 보면 기이하기 짝이 없었는데, 그런 한국적인 모습과 그들의 민속 창법이 미국인에게 먹힌 것이다. 또 국악의 헤비메탈 그룹이라 불리는 '잠비나이'도 무교적인 모티프를 쓸 때가 많다.

그런가 하면 유튜브 누적 조회 수 5000만 회에 빛나는 '범 내려온다'라는 영상은 판소리인 수궁가에서 따온 것이다. 그런데 판소리는 전라남도의 굿판에서 비롯된 것이니 여기서도 무교와 친연성이 여지없이 드러난다. 그 밖에도 많다. 이 글을 쓰는 2024년 3월 말, 개봉한 지 30여 일 만에 천만 관객을 달성한 영화가 있다. 〈파묘〉가 그것인데, 이 영화에서도 무당의 활약이 두드러진다. 무당(김고은 분)이 나오지 않았더라면 이 영화는 김이 완전히 빠졌을 것이다. 이 영화가 해외에서 호평받는 것도 이 무당의 공이 크다.

이렇듯 우리가 무당이나 무교를 잊을 만하면 무당 소재의 창작물이 화제가 된다. 이것은 한국인에게 무교가 어떤 위치에 있는지를 잘 보여준다고 하겠다. 한국인들은 그들의 근본 신앙이 무교인지라 그것을 떠나서는 살지 못하는 것이다. 앞으로도 이런 일은 계속될 터인데, 이제는 한국인들도 자신의 종교적인 내면세계에 솔직하게 눈을 떴으면 하는 바람을 가져본다. 더 이상 무교를 타자화하지 말고 있는 그대로 받아들이자는 것이다. 이 책이 그런 일이 생길 수 있는 기회를 제공한다면 더할 나위 없이 좋겠다.

4357(2024)년 5월에

지은이 삼가 씀

3~4년 전 어떤 작은 발표장이었다. 나는 그때 한국의 전통 종교는 지금 대부분의 한국인들이 알고 있는 것처럼 '유불도'가 아니라 '무불유(巫佛儒)' 혹은 '불유/무'라는 내용의 발표를 막 마쳤다. 그랬더니 같은 자리에 있던 어떤 60대 후반의 종교학자가 '최 선생은 학문하는 자세가 편협하다'고 힐난을 하면서 내게 어이없는 표정을 지었다. '미신에 불과한 무교(무속)가 한국의 전통 종교 중에 하나라니 말도 안 된다'는 주장이었다. 그러나 정작 어이없는 것은 나였다. '아니 종교학을 한다는 사람이 어찌 다른 종교를 저렇게 폄하할 수 있을까' 하는 게 내 생각이었다. 그러나 구세대의 학자 입장에서는, 혹은 서양식으로만 학문을 한 입장에서는 그렇게 보이는 것이 당연한 일이었을 것이다.

공정하게 학문한다고 하는 사람이 이럴진대 일반 국민들이 무교에 대해 갖는 오해나 편견은 말할 것도 없다. 우리 한국인들에게 무교는 '무속'이라는 이름 그대로 저속한 미신에 불과하다. 이 책은 그 생각이 얼마나 잘못됐는지를 보여주기 위해 쓴 것이다. 무교를 이렇게 보는 것은 우리의 눈으로 우리 전통을 본 게 아니라 타자의 시각으로 보았기 때문이다. 그 타자란 유교가 될 수도 있고 그리스도교가 될 수도 있으며 근대화된 서양이 될 수도 있다. 이들의 눈으로 보니 무교가 천한 사람들의 종교로 보이는 것이다.

그런데 한국인들은 머리로만 그렇게 생각할 뿐 몸은 여전히 무교에 빠져서 살고 있다. 빠져도 보통 빠진 게 아니다. 이 점은 본문에 자세히 써놓았으니 그것을 보면 되겠지만 내가 보기에 한국인들이 무교에 대해 갖는 열망은 대단하다. 한국인들이 만일 자기네들의 민속 예술문화가 많은 부분 무교에서 비롯되었을 뿐만 아니라 자신들이 연일 음주가무에 빠져 사는 것이 무교와 어떤 식으로든 연관되어 있다는 것을 알면 이 사실을 인정하지 않을 수 없을 것이다. 지구상에 한국인 말고 신명이 이렇게 많은 민족이 또 없을진대 이 신명이 무교에서 발흥되었다는 가장 기초적인 사실을 왜 한국인들은 인정하려 하지 않는 걸까?

무교가 한국의 기층문화에서 핵을 이루고 있음에도 불구하고 이렇게 미신으로 천대받고 있는 것은 무교가 권력의 자리에서 멀어져 있기 때문이다. 무교는 그 사제인 무당도 숫자가 많고 추종자들도 엄청 많지만 조직을 이루어 권력을 창출하지 못했기 때문에 천대받고 있는 것이다. 종교란 그 추구하는 목적이 아무리 초세간적이라 하더라도 이 세상에 있는 한 권력에서 자유로울 수 없다. 이슬람교나 그리스도교가 역사적으로 엄청난 악행을 저지르고서도 정통의 신앙으로 간주되는 것은 그들이 권력을 잡고 있기 때문이다. 이 책은 거개의 종교 신자들이 갖고 있는 신앙이 대부분 기복신앙과 동일한 유형인데도 불구하고 무당의 신봉자들만 미신의 추종자로 낙인 찍혀 있는 현실을 권력의 관점에서 보려고 했다.

이 책은 내가 무교에 관해서 낸 첫 번째 단행본이다. 그동안 여러 책을 통해서 한국의 무교에 대해 설명을 했지만 무교만을 다룬 책은 이번이 처음이다. 그래서 아마도 어쩔 수 없이 이전 책과 겹치는 부분이 있을 것이다. 그러나 같은 재료라도 어떻게 섞느냐에 따라 완전히 다른 결과가 나올 수 있다. 그리고 이 책을 보면 한국 무교의 대강은 알 수 있다는 의미에서 무교를 처음으로 알고 싶은 독자들에게는 이 책이 입문서 역할도 할 수 있으리라 생각한다.

이 책을 쓴 동기는 아주 간단하다. 더 이상 우리를 속이지 말고 무교를 우리의 근본 신앙으로 인정해 우리 문화 발전에 유용하게 쓰자는 것이다. 나는 무당들이 믿는 신들을 믿자든가 무교를 복원하자는 게 아니다. 다만 무교가 우리 한국인들의 의식세계와 문화 형성에 끼친 영향을 솔직히 인정하자는 것이다. 그리고 무교에는 한국 문화 발전에 이바지할 수 있는 요소가 무진장으로 많으니 이것을 공개적으로 발전시키자는 것이다. 이런 과정을 통해 한국인들이 스스로의 문화적 정체성을 찾아 지금보다 나은 삶을 살 수 있지 않을까 하는 바람을 가져본다.

이 책을 내면서 감사해야 할 분들에 대해 언급해야겠다. 우선 이 변변치 못한 원고를 출간해준 '도서출판 모시는사람들'에 감사해야 한다. 출판사 측의 조언은 원고의 완성도를 높이는 데에 훌륭한 역할을 해 주었다. 그리고 좋은 사진을 제공해 준 민속불교연구회 장정태 회장께도 감사드린다. 무교에 관한 일이 있을 때마다 나는 장정태 회장께 많은 신세를 졌다. 이번 지면을 빌어 장 회장께 깊은 감사를 표한다. 끝으로 세간의 홀대와 무시를 참고 이 땅의 무교 문화를 지키고 이어온 모든 만신과 박수 여러분께도 경의와 감사를 드린다. 앞으로 이런 우리 민속 문화의 보존자들이 우대받는 사회가 왔으면 하는 바람도 가져 본다. 그리고 부디 이 책으로 자신의 문화적 정체성을 새삼 깨닫는 독자가 나왔으면 하는 작은 소망과 함께 서문을 마친다.

가을 문턱

4342년(2009) 10월에

지은이 삼가 씀

차례

무교 巫敎

무교 巫教

Ⅰ. 한국의 고유 종교인 무교(巫教)는 미신인가?

무교는 여타의 유신론적인 종교와 그 기본 구조가 다를 게 하나도 없다. 이 구조를 아주 간단하게 보면, 무교는 신도가 무당이라는 특수한 사제 계급의 중개로 신령을 만나 도움받는 것을 목적으로 한다. 사람들은 살다 보면 무수한 문제에 부딪히게 된다. 그 가운데에는 인간이 스스로 풀 수 있는 문제도 있고 인간의 힘으로는 해결되지 않는 것도 있다. 무당과 같은 종교적인 사제가 필요한 것은 후자의 경우이다. 집안에 갑자기 사람이 줄줄이 죽어 나간다거나, 하는 일마다 패착(敗着)을 거듭한다거나 하면 사람은 약해지기 마련이다. 그럴 때 한국인은 여러 해결책을 도모하다 결국은 무당을 찾는다.

무교는 어떤 종교?

무교인가, 무속인가

서울 답사 중에 인왕산은 빼놓을 수 없는 코스이다. 서울 성
곽을 볼 수 있을 뿐만 아니라 정상에서 바라보는 북서울의 모
습이 장관이기 때문이다. 특히 경복궁 전체가 한눈에 다 들어
오고 백악산이나 북한산 일원이 장대하게 펼쳐져 있는 모습을
보는 것은 서울에서 그리 흔하게 할 수 있는 체험이 아니다. 그
러나 이 코스가 무엇보다도 좋은 것은 한국 무교의 대표 굿당
이라 할 수 있는 국사당이 있기 때문이다.

오래전 일이지만 나는 운 좋게도 국사당의 굿을 직접 참관한
적이 있다. 그날도 답사 팀과 인왕산에 올라가고 있었는데 국

국사당 ⓒ한국민족문화대백과사전

사당 근처에 다다르자 악기 소리가 들렸다. 굿을 하고 있는 것
이었다. 이런 날은 재수가 좋은 것이다. 굿은 날짜를 정해 놓고
하는 의례가 아니기 때문에 재수가 좋아야 구경할 수 있다. 올
라가 보니 오구굿이 진행되고 있었고 거의 막바지였다. 무당들
이 국사당 앞마당에 나와 영혼을 저승으로 보내는 거리를 하고
있었다. 하얀 광목천을 양쪽에서 길게 잡은 다음 그 가운데에
넋전 상자를 놓고 무당 한 사람이 그 상자를 천천히 앞으로 밀
고 있었다. 상자 앞에는 저승 가는 노잣돈이 놓여 있었고 무당

들은 '나무아미타불'을 합창하고 있었다. 그 옆에는 죽은 영혼의 자식임 직한 사람들이 두 손을 모아 죽은 아버지의 저승 천돗길이 순탄하게 펼쳐지기를 간절히 기도하고 있었다.

한국의 무교는 여러 가지 면에서 주목받는데, 그중에서도 그 긴 수명은 특히 눈길을 끈다. 어떤 사람은 샤머니즘은 한국에만 있는 것이 아니라 전 세계에서 보편적으로 발견되는 '원시' 종교라고 한다. 그것이 틀린 이야기는 아니지만, 한국처럼 고대의 원형이 비교적 잘 보존되어 있는 샤머니즘은 그 유례가 별로 없다. 내가 국사당에서 보았던 굿은 그 기원이 적어도 수백 년은 올라갈 수 있는 대단히 오래된 것이다. 게다가 굿의 구성이 잘 짜여 있었고 노래나 춤, 그리고 의상 등은 아름답기 그지없었다. 나는 한눈에 이 '굿'이라는 종교 의례가 한국인들의 소중한 문화 자산임을 알 수 있었다. 그런데 한국인들은 잘 알지도 못하면서 자신들의 시원적인 신앙을 미신이라고 마구 매도하고 있다.

누구에게 확인할 것도 없이, 대부분의 한국인은 무교(무당종교)를 두고, 종교가 아닌 '무속'에 불과하며 게다가 전근대적인 미신이라고 생각하고 있다. 그래서 이 무당 종교를 지칭할 때도 '교'라는 단어를 쓰기보다는 '속'이라는 낱말을 써서 '무속'이라고 부른다. 무속이라는 단어는 조선시대에 사대부 같은 기득권 세력이 무교를 폄하하여 야속(野俗)하다는 의미에서 붙인 이름이다. 그래서 미신과 소위 '정신(正信)'을 구별하지 않는 종교학에서는 무속이라는 단어를 사용하지 않는다. 만일 불교나 그리스도교를 불속(佛俗) 혹은 기독속(基督俗)이라고 부르자고 하면 그게 가당하기나 한 생각이겠는가? 불교나 그리스도교에 대해서 이렇게 부르는 일이 불가하다면 마찬가지로 우리의 '무속'도 당연히 '무교'라 불러야 할 것이다. 무교라는 호칭 외에도 '무'라고만 부르자고 하는 학자가 있는데 이 표현도 무방하다고 생각한다.

어떻든 일반적으로 한국인은 무교는 미신이라 생각하고 그리스도교나 불교는 그런 '저등한' 종교와는 본질적으로 다른 '고등한' 종교라 생각한다. 그뿐만 아니라 이런 고등 종교를 믿는 자신은 무당 종교와는 전혀 관계없는 근대적인 인간이라고 생각한다. 그리고 무당은 이상한 귀신을 섬기는 한참 덜떨어진 기괴한 인간으로 생각하고, 상종해서는 안 되는 족속으로 여긴다. 그러다 자신이 해결하지 못하는 큰 문제가 생기면 무당에 대해 평소에 생각하던 것은 다 던져버리고 무당에게 달려가지만 말이다.

한국인이 무당에 대해 갖는 생각과 태도는 이렇게 이율배반적이다. 일전에 만난 어떤 무당도 내게 같은 푸념을 했다. 한국 사람들이 평소에는 자기네들을 여지없이 무시하다가 문제만 생기면 자기들을 찾아온다고 말이다.

한국인은 왜 무교를 미신으로 생각하는 것일까? 한국인이 굿을 미신으로 생각하는 것은 아마도 교육적인 요인이나 종교적인 이유가 가장 클 것이다. 교육적인 요인이라 함은 학교에서 그렇게 배웠다는 것이다. 지금은 도덕 교과서에서 사라졌다고 하는데 1960~1970년대 초등학교 도덕 교과서를 보면 우리나라에 주자학을 처음으로 들여온 안향에 대한 이야기가 나온다. 그가 어느 마을에 사또로 부임하여 그 마을에 있던 무당을 쫓아냈다는 에피소드가 바로 그것이다.

조금 전에 말한 것처럼 안향이 우리나라에 주자학을 처음 들여왔다고 하는 사실은 우리에게 많은 시사점을 던져 준다. 그가 들여온 주자학은 당시로서는 선진 학문이었다. 남송 대에 태동한 것이니까 그렇다는 것이다. 이것을 지금의 상황에 빗대어 보면 이런 것이다. 미국에서 어떤 걸출한 신학자가 그리스도교의 교리를 심도 있게 보강한 새로운 신학을 선보였다고 하

자. 그런데 그것을 어떤 한국의 신학자가 한국에 소개했다면 이 사람이 안향에 해당하는 것이라 볼 수 있다. 따라서 안향은 이 선진 학문에 대해 자부심이 대단했을 것이다. 그리고 자신이 종주국으로 생각하는 중국에서 갓 만들어진 신사상을 받아들였으니 이 변방국의 민간신앙 따위는 안중에 없었을 것이다.

주자학은 동양의 가르침 전통 가운데 배타적인 면이 가장 강한 가르침이다. 그래서 자기 사상이 형성되는 데에 막대한 영향을 준 불교마저 저등한 것으로 폄하하고 이단으로까지 치부하는 판국이니 '무지랭이'들이 섬기는 무당 종교는 그들의 인식 구조에는 없었을 것이다. 안향이 주자학을 수입해 오고 그것이 새로운 왕조의 국시(國是)가 된 것은 무교의 입장에서는 치명적이었다.

다시 우리가 사는 현재로 돌아와서, 문제는 앞에서 본 안향의 이야기가 초등학교 교과서에 실렸다는 것이다. 우리는 통상적으로 어릴 때 어떤 이야기를 접하면 무조건 그것을 신봉하고 뇌리에 깊이 각인시켜 놓는다. 그것을 나중에 성인이 되어 고치려면 대단히 힘들다는 것을 알게 된다. 아니, 우리는 아예 어릴 때 형성된 신념 구조로 일생을 다할지도 모른다. 사안이 이렇게 중요한데 어떻게 한 종교가 다른 한 종교를 미신이라고 낙인찍은 '봉건적인' 이야기가 어린이 교과서에 들어갈 수 있었을까? 이 이야기의 내용을 보면 외국에서 들어온 주자학은 진리이고 이 땅에서 우리 민족과 수천 년을 함께해 왔던 고유 신앙은 미신이 되는데, 이런 사대적이고 종교 제국주의적인 시각이 어떻게 어린이들이 보는 교과서에 실릴 수 있었는지 놀랍기만 하다. 이것은 기성 종교의 제도권적인 횡포 이외에 다른 것이 아니다.

우리는 일본의 교과서에서 그네들의 고유 신앙인 신도(神道)를 미신으로 폄하한 서술을 찾아볼 수가 없다. 일본의 신도는 우리의 무교에 해당하는 종교로, 국가신도를 제외하고는 체제 종교이기보다는 자연종교에 가까운 종교이다. 특히 일본 신도에서 모시는 신들이 형성되는 과정을 보면 그렇다. 일본 신도는 불교나 그리스도교처럼 어떤 교주가 있어서 이전과는 다른 새로운 가르침을 펴면서 제자들을 끌어모으고 일정한 조직을 이뤄 만든 체계적인 종교가 아니다. 그보다는 각 지역에서 그 지역민들이 그때그때의 필요에 따라 그들의 생각을 모아 자연스럽게 어떤 대상을 신으로 모시고 신사를 지으면서 생겨난 것이다.

예를 들어 아주 좋은 술을 만드는 지역이라면 으레 그 술을 처음으로 빚었다고 믿어지는 사람을 신으로 격상시켜 신사에 모시고 아주 간단한 방식으로 의례를 지낸다. 그래서 신사에 모셔지는 신들을 보면 다양하기 그지없다. 일본인의 최고 조상으로 여겨지는 아마테라스 오미카미[天照大神]라는 신으로부터 고양이 같은 동물까지 신사에 모셔지는 신들은 그 범위가 넓다. 우스갯소리이지만, 한때 대표적인 한류 스타로 손꼽혔던 '겨울 연가'의 '욘사마'가 만일 당시 유명(幽明)을 달리 했다면, 그 역시 신사에서 신으로 모셔졌을 확률이 높다. 신사의 신들이 이렇게 생겨나다 보니 일본 신도에는 어떤 정해진 교리나 보편화된 경전, 또 사제들의 통일된 조직이 없다. 그래서 자연종교에 가깝다고 하는 것이다.

그런데 문제는 일본인은 여전히 그네들의 고유 신앙을 신봉하는데 한국인은 자신들에게 가장 고유한 종교를 외래적인 시각에서 내리깎으면서 자신을 반(反)하고 있다는 데에 있다. 일본에 가 보면 일본 도처에 신사가 세워져 있는 것을 발견할 수 있다. 땅값 비싼 동경 시내에도 동네마다 신사가 없는 곳이 없다. 일본인들에게는 신사가 삶과 분리된 종교로서가 아니라 생활의 일부로서 삶 속에 깊이 스며들어 있다.

일본인들이 자신의 신앙을 이다지도 아끼니 세계 종교를 서술한 책에는 일본의 신도(Shintoism)에 대한 장(章)이 반드시 들어 있다. 필자는 미국에서 종교학 교과서로 쓰이는 책을 여러 권 보았는데 일본의 신도를 다루지 않은 책은 한 권도 없었다. 이런 책 속에서 일본의 신도는 다른 세계 종교들과 어깨를 나란히 하고 있었다. 이것은 일본인들이 자신의 신앙을 잘 보존하고 적극적으로 알린 결과로 생각된다.

그런데 우리나라에는 이와 정반대의 현상이 일어났다. 일본의 신도에 해당하는 우리의 무교와 관련해서 그런 일이 있었다는 것이다. 우선 우리는 학교에서 무교에 대해서 한 번도 제대로 배워 본 적이 없다. 무교는 그저 무지몽매한 여성들이 미천한 무당들에 홀려 믿는 저급 종교라고만 배웠을 뿐, 그 종교가 우리 문화의 뿌리라는 가르침을 접한 적이 한 번도 없었다는 것이다. 그런가 하면 이전에는 '고등한' 불교나 유교만이 우리 종교라고 생각하고 살다가 근자에 와서 우리 주위에는 서양의 그리스도교만이 유일한 종교로 생각하는 사람들이 많이 생겨났다. 상황이 이러하니 이래저래 무교에 대해서는 관심이 생길 리가 만무했다.

그러니 그 형편없는 무교가 한국 문화의 뿌리라고 하면 의아해할 사람이 많을 것이다. 이에 대해서는 얼마든지 증거 자료를 내놓을 수 있는데 한국의 전통문화는 상층의 얇은 엘리트 문화를 제외하고 그 밑에 있는 방대한 기층문화는 그 뿌리가 무교에 있다는 것을 알아야 한다. 무교가 어떤 면에서 한국문화의 뿌리라고 하는 것인지에 대해서는 나중에 다시 보기로 하고 우리의 이해를 돕기 위해 일단 무교 자체에 대해 알아보기로 하자. 그래야 무교에 대한 오해가 어디서부터 시작됐는지 알 수 있기 때문이다.

한국 무교의 지형도

무교는 어엿한 하나의 종교인 데다가 아주 오랜 역사를 갖고 있어 설명할 것이 한둘이 아니다. 게다가 지역마다 다르니 그 다양함을 이 작은 책에서 모두 다룬다는 것은 불가능한 일이다. 아마 어떤 이들은 무교를 종교라고 부르는 데에 거부감을 느낄지도 모른다. 이 문제는 앞으로 전개되는 설명에서 충분히 해명되니 그때 자세히 보면 되겠다. 엄청나게 다양한 한국의 무교를 다 볼 수는 없지만 앞으로의 논지가 전개되는 데에 필요한 부분을 제한적으로라도 살펴보아야 할 것 같다.

제한적으로 보겠다는 것은 우선 지역적인 면에서 그렇게 하겠다는 것이다. 한국 무교의 분포를 거칠게 나눌 때 한강을 기점으로 하는 경우가 많다. 한강을 경계선으로 해서 이북은 강신무(降神巫)가 주종을 이루고 이남은 세습무(世襲巫)가 대세를 이룬다는 것이 일반적인 설명이다. 이 두 종류의 무당에 대해서는 워낙 잘 알려져 있어 그다지 설명이 필요하지 않을 것이다. 강신무는 신내림을 하여 그 신의 말씀을 전하는 무당을 말하고, 세습무는 신은 모시지 않고 일정한 사제 역할만 하는 무당을 말한다. 세습무의 경우에는 시어머니로부터 며느리로 무당직이 세습되는 경우가 제일 많지만, 간혹 딸에게 세습되기도 한다. 그런데 이런 지역적인 구분이 그다지 의미가 없어진 지가 꽤 되었다고 한다. 요즘은 교통이 좋아지고 무엇에 대한 사명감이나 인기가 시들해져 이런 구분이 약해진 관계로, 전국 곳곳에 걸쳐 강신무들이 활약하고 있다고 한다.

　무당의 종류를 지역적으로 더 세분해서 나눌 수도 있다. 예를 들어 같은 강신무라도 경기도 지방과 황해도 지방의 무당들이 하는 굿은 내용이 조금 다르다. 아마 평안도 무당과도 다른 점이 있을 터인데 그 자세한 것은 연구가 미진해 잘 알려지지 않았다. 세습무 쪽은 더 다양하다. 가령 충청도에서 하는 굿은 '법사'라 불리는 남자 무당이 앉아서 경을 읽는 게 주된 방식이

제주 관덕정 마당 입춘굿놀이

다. 그래서 강신무가 하는 굿에 익숙한 사람에게 충청도의 '앉은굿'은 굿처럼 보이지 않을 수도 있다. 또 세습무 하면 전라남도 진도에서 행해지는 굿을 빼놓을 수 없다. 이 굿 가운데 가장 유명한 것은 잘 알려진 것처럼 '씻김굿'이다. 이 굿은 망자를 천도하는 굿으로 서울 지역에서 하는 망자굿 혹은 한자어로 사령제(死靈祭)의 일종인 '새남굿'과는 그 내용이 전혀 다르다. 굿을 지내는 목적은 같지만 내용은 완전히 달라지는 것이다.

또 세습무가 하는 굿 가운데 빼놓을 수 없는 것으로 제주도 굿이나 동(남)해안 별신굿을 들 수 있다. 나는 지금껏 제주도 굿을 두 번 보았는데 서울 굿에 익숙한 나로서는 영 낯설게 느껴졌던 기억이 새롭다. 동해안 굿 가운데 강릉 단오제는 유네스코에 세계무형유산으로 등재되어 있을 정도로 유명하다. 이런 굿들이 한국 정부가 지정한 중요무형문화재로 등록되어 있는 것은 당연하다.

이런 유명한 굿 외에도 경상도나 함경도 등 전국에 걸쳐 수없이 다양한 굿들이 있다. 그러니 그것을 다 설명하기란 애당초 불가능하다는 것이다. 따라서 여기서는 지역을 한정시켜 중부 이북 지방의 강신무 전통, 그중에서도 서울 굿 혹은 한양굿에 대해서만 보기로 하겠다. 이럴 수밖에 없는 게 내가 제일 익숙하고 가장 많이 본 굿이 이 굿이기 때문이다.

무교의 기본 구조

무교는 크게 볼 때 '신령과 무당과 신도'의 세 가지 요소로 이루어져 있다. 그리고 이 세 요소는 굿이라는 무교의 고유한 의례에서 만나게 된다.

이것을 도표로 그려 보면 다음과 같다.

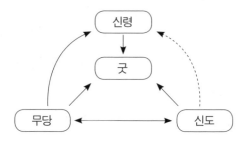

이렇게 놓고 보면 무교는 여타의 유신론적인 종교와 그 기본 구조가 다를 게 하나도 없다. 이 구조를 아주 간단하게 보면, 무교는 신도가 무당이라는 특수한 사제 계급의 중개로 신령을 만나 도움받는 것을 목적으로 한다. 사람들은 살다 보면 무수한 문제에 부딪히게 된다. 그 가운데에는 인간이 스스로 풀 수 있는 문제도 있고 인간의 힘으로는 해결되지 않는 것도 있다. 무당과 같은 종교적인 사제가 필요한 것은 후자의 경우이다. 집안에 갑자기 사람이 줄줄이 죽어 나간다거나, 하는 일마다 패착(敗着)을 거듭한다거나 하면 사람은 약해지기 마련이다. 그럴 때 한국인은 여러 해결책을 도모하다 결국은 무당을 찾는다.

한국인의 이러한 종교적 행태(行態)는 일찍이 한말에 선교사로 활약하던 호머 헐버트에 의해 간파되었다. 나중에 다시 구체적으로 살펴보겠지만, 헐버트는 한국인의 종교적 심성에 대해 이야기하면서 "한국인들은 사회적으로는 유교도이고, 철학적으로는 불교도이며, 고난에 빠질 때는 영혼 숭배자"라고 한 적이 있다. 이것은 한국인이 평소에는 유교나 불교적으로 살지만 문제가 생기면 무당에게 간다고 해석할 수 있다. 이러한 양상은 아직까지도 변하지 않고 있어서, 지금도 한국인들은 무당을 마지막 문제 해결사로 생각하는 것 같다.

어떻든 이러한 중대한 사안을 가지고 무당에게 가면 무당은 신령과 교통할 수 있는 자신의 신묘한 능력으로 신령에게 해결책을 구한다. 그러면 신령은 각 사안의 경중에 따라 각기 다른 해결책을 제시한다. 앞에서 제시한 그림을 보면 신령과 신도 사이가 점선으로 연결되어 있는 것을 알 수 있는데 이것은 신도는 신령과 직접 통할 수 없다는 것을 의미한다. 신도가 신령과 교통하려면 반드시 무당을 거쳐야 하는데 이런 의미에서 무당을 사제라고 하는 것이다. 그리스도교에서 사제를 통해서만이 신에게 다다를 수 있다는 것과 구조가 같은 것이다. 그러면 무교와 그리스도교와 같은 유신론적인 종교는 무엇이 같고 다른 것일까?

이 두 종교는 다른 점이 많이 있겠지만 크게 보면, '그들이 신봉하는 신이 어떤 존재냐?' 혹은 '사제는 어떤 성향의 사람이

냐?'와 같은 질문에 대해서만 다른 설명을 하고 있는 것 같다. 예를 들어 대표적인 유신론 종교인 그리스도교를 보면 다음의 구조로 구성되어 있음을 알 수 있다.

이 구조는 위에서 본 무교의 구조, 즉 '신령 - 무당 - 신도' 구조와 조금도 다르지 않다. 그런데 왜 우리는 그리스도교는 정통 종교이고 무교는 미신이라고 하는 걸까? 민간 불교의 경우도 이와 다르지 않다. 불교도 민간신앙의 차원에서는 그 근본 목적이 신자가 승려라는 사제 계급을 통해 이 우주의 최고신(?)이라 여기는 부처님에게 복을 받으려는 것이니 그 구조가 하나도 다를 바가 없다. 그런데 누구도 불교를 두고 미신이라고 하지는 않는다(일부 개신교도들이 불교를 우상숭배라고 매도하지만). 왜 이런 일이 벌어졌을까? 이 문제는 나중에 본격적으로 다룰 예정이니 그때 확실하게 보기로 하고 여기서는 일단 무교에 대해서 더 알아보자.

무당, 진정한 의미의 사제

무교를 제대로 알기 위해서는 앞에서 본 무교를 구성하는 서너 가지 요소에 대해 보아야 한다. 그 가운데 신도는 어느 종교를 막론하고 존재하니 그 특성에 대해 따로 거론할 필요가 없으리라. 그러나 무교의 사제인 무당으로 오면 이야기가 달라진다. 다른 기성 종교의 사제와 워낙 구별되기 때문이다. 나는 무당을 '민간 사제'라고 부르는데 그것은 무당이 제도화된 교단에서 조직적으로 서품을 받아서 사제가 되는 것이 아니기 때문이다. 무당은 민간에서 그들 나름대로 규율이 있기는 하지만 제도화되지 않은 개인적인 차원에서 서품을 받는다. 그러나 그들은 분명 사제이다. 그러면 그들은 다른 종교의 사제들과 어떻게 같고 어떻게 다른 것일까?

우선 우리는 무당이 아무나 되고 별 절차 없이 되는 줄 알지만, 그 세계로 들어가 보면 사정이 그리 호락호락하지 않다는 것을 알 수 있다. 이 주제와 관련해서 가장 먼저 언급해야 할 것은 무당은 아무나 되는 게 아니라는 것이다. 무당이 되기 위해서 가장 기본적으로 거쳐야 하는 단계가 있는데 그것은 내림굿을 받는 것이다. 내림굿을 받기 전에는 누구도 무당이 될 수 없다. 그러니까 쉽게 이야기해서 내림굿이란 '사제 서품식' 혹은 '목사 안수식'과 같은 것이라 할 수 있다. 그런데 내림굿 받기 전과 후는 무엇이 달라지는 것일까? 다시 말해 무당이 되기 전과 후는 어떤 것이 다른 것일까? 이것을 한마디로 표현한다면, 무당 후보자가 내림굿을 성공적으로 받으면 굿을 할 수 있는 능력을 부여받는 것이 가장 다른 점이라고 할 수 있다.

이 사정을 이해하기 위해서는 가톨릭의 사제인 신부와 비교해 보는 것이 좋다. 무당을 다른 종교의 사제와 비교해 본다면 구교(가톨릭)의 신부와 가장 흡사하다고 할 수 있다. 왜 그런가 하면 가톨릭에서 신부만이 그들의 종교 의례인 미사를 집전할 수 있다고 하는 것이 무교의 경우와 닮았기 때문이다. 개신교의 경우에는 굳이 목사가 아니더라도 일반 신도들이 예배를 집전할 수 있고, 불교의 불공도 일반 불교도들이 할 수 있다. 그러나 미사는 신부 외에는 누구도—수녀도 제사권이 없는 일반 교도에 불과하다!―드릴 수 없다. 그와 마찬가지로 무교의 굿은 무당만이 할 수 있다. 이런 의미에서도 무당은 진정한 의미에서 사제라는 것이다.

무당은 정확히 말하면 내림굿을 받은 후부터 비로소 신자들과 신령을 중재하는 역할을 할 수 있게 된다. 물론 그전에도 여러 신령들과 교통할 수는 있다. 그리고 그 신령들의 도움을 받아 점을 칠 수도 있다. 그러나 이런 것들은 시쳇말로 하면 아직 영계에는 정식으로 등록되지 않은 상태에서 하는 '아르바이트' 같은 것이다. 아직 등록되지 않았기 때문에 자기만의 점방(店房 혹은 占房)을 낼 수도 없다. 상호가 없기 때문이다. 다시 말해 신내림을 받아야만 그 신의 이름으로 간판을 내걸고 정식으로 점보는 일 같은 무업을 할 수 있다. 그래서 무당 후보자들은 이런 것들을 제대로 하기 위해 내림굿을 받는 것인데 이 사정을 잘 알려면 내림굿이 무엇인지 알아볼 필요가 있다.

앞에서 우리는 무당이란 굿을 하는 사제라고 했다. 그런데 무당이 굿을 주재하기 위해서는 자신만이 모시는 신령, 즉 몸주신(Lord Spirit)을 모셔야 한다. 무당이 신령계와 통하게 되는 것은 이 몸주신을 통해서이다. 몸주신을 받는 것은 무당이 신령계와 통하기 위해 자신만의 채널을 확보하는 것이라고 할 수 있다. 신령계에는 신령들이 많기 때문에 자신만의 신이 있어야 통할 수 있다. 그렇지 않으면 무당은 영계에서 헤맬 수도 있다. 이렇게 보면 무당이 모시는 몸주신은 일종의 영계 가이드인 셈이다.

따라서 무당은 보통의 점쟁이와는 본질적으로 다르다. 우리는 주위에서 점쟁이들을 많이 만날 수 있는데, 일반인들은 점을 치면 다 무당이라고 생각하기 쉽다. 그러나 앞에서 말한 것처럼 무당은 반드시 내림굿을 받아야 하는데 이런 과정을 거치지 않은 사람도 신기가 있으면 얼마든지 점은 칠 수 있다. 내림굿을 받지 않았으면서 신점(神占)을 치는 사람들도 신을 모시기는 한다. 그러나 정식으로 내림굿을 받지 않았기 때문에 그런 신은 신령계에서 인정을 받지 못한다. 따라서 그 신은 신령계에 환하지도 못하고 해당 점술사를 위해 영계에서 가이드 역할을 할 수도 없다. 이런 점쟁이들은 사제가 아니라 그야말로 술사(術士)들이라 할 수 있다.

무당은 자신을 따르는 신도의 탄생과 결혼, 그리고 죽음과 같은 인생의 중요 과정을 모두 책임지는 정식 사제이지만, 술사에 불과한 점쟁이는 그렇지 못하다. 예를 들어 사람이 죽으면 무당들은 '오구굿' 같은 사령제(死靈祭)를 통해 산 자와 죽은 자들을 위로하고 그들 사이에 새로운 질서를 부여함으로써 관계를 회복시켜 준다. 이런 것이 바로 사제 기능인데 점쟁이들에게는 이런 능력이 전혀 없다. 다시 요약해서 말하면, 점쟁이는 낮은 수준에서 점치는 일만 하고 굿은 할 수 없는 반면, 무당은 점과 굿을 모두 할 수 있는 순전한 사제라 할 수 있다.

무당이 되려면?

그러면 아무나 무당이 될 수 있는 걸까? 그럴 수는 없다. 무당이 되려면 반드시 겪어야 하는 과정이 있기 때문이다. 내림굿을 받기 전에 무당 후보자들은 예외 없이 신병을 앓아야 한다. 신병은 원인이 없이 앓는 병이다. 신병에 걸리면 사지가 마비되거나 뒤틀리고 그러다 찬물이 마시고 싶은가 하면 혈변을 보기도 하고 헛것이 보이거나 들리기도 한다. 신병의 증상 가운데 가장 대표적인 것은 아무래도 마지막에 언급한 환시(幻視)와 환청(幻聽)이라고 할 수 있겠다. 다른 사람 눈에는 전혀 보이지 않는 이미지들이 보이고 자기 귀에만 들리는 소리가 들린다. 예를 들어 신령이라고 믿어지는 존재들이 그 무당 후보생의 이름을 부르면서 'ㅇㅇ야, 가자!'라고 하면 그 후보자는 하던 일 다 멈추고 길을 나서야 한다. 그리고 그 목소리가 이끄는 대로 미친 사람처럼 동네든 산이든 마구 뛰어다녀야 한다. 그러다 특정한 장소에 가서 춤을 추기도 하고 손뼉을 치면서 노래를 부르기도 한다. 이런 증상들은 무당마다 다르기 때문에 여기서 그것을 다 서술하는 것은 불가능하다.

그런가 하면 후보자의 꿈에 앞으로 몸주가 될 신령이 나타나 후보자가 앞으로 겪게 될 체험이나 운명을 이미지로 보여주기도 한다. 예를 들어 어떤 장엄한 집을 보여주면서 앞으로 후보자가 살 집이라고 말하는 따위가 그것이다. 그런데 재미있는 것은 신령에 따라 무당 후보자에게 질투를 표현하기도 한다는 사실이다. 만일 그 후보자가 결혼한 여성이라면 신령은 그녀가 남편과 부부관계 하는 것을 극도로 혐오하게 된다고 한다. 물론 이것은 신령이 남성일 경우에 한하는 것이다. 필자가 개인적으로 무당을 만났을 때 가끔 그들이 겪은 신병에 관해 묻곤 했는데 다른 무당과 같은 증상을 겪었던 사람은 하나도 없었다. 그 증상이 그만큼 다양하다는 이야기인데 그럼에도 불구하고 공통점은 있었다. 즉 양방이든 한방이든 혹은 대체의학이든 어떤 의학으로도 이 병은 고칠 수 없었다는 점이다. 기존의 의사들은 속수무책이 되는 것이다.

그러면 이 병은 얼마나 오래 앓아야 할까? 그 기간은 다양하다. 짧게는 몇 달일 수도 있고 사람에 따라서는 20~30년 동안 지속해서 신병을 앓을 수도 있기 때문이다. 그런데 오래 앓더라도 항상 아픈 것은 아니고 간헐적으로 아프다고 한다. 심하게 아팠다가 조금 지나면 증상이 나아지고 그랬다가 또 갑자기 아프고 하는 과정이 반복된다고 한다. 여러 연구, 조사와 증언을 종합해 볼 때 이 신병을 앓는 기간을 평균으로 계산해 보니 대체로 8년 정도의 기간이 나온다고 한다. 그러니까 무당들은 적어도 8년 정도는 이 신병 때문에 고생해야 한다.

그런데 앞에서 말한 것처럼 양방이든 한방이든 온 병원에 다녀도 이 병은 정확하게 진단하기도 어렵고 또 고쳐지지도 않는다. 그러다 마지막에 무당에게 가면 이 병은 내림굿을 받고 무당이 되어야 나을 수 있다는 진단을 받는다. 이런 진단이 나오면 무당이 되어야 하는 자신의 운명이 기구하다고 생각해 거부하는 경우가 종종 있다. 무당은 사회적으로 천대를 받기 때문에 그렇고, 자기 자식이 무당의 아들딸이라 불리는 게 싫어 내림굿 받기를 거부하는 경우도 다반사이다.

그러나 사정이 그렇다고 해서 그냥 호락호락 넘어갈 신령이 아니다. 이럴 때 생기는 대표적인 현상이 '인다리'이다. 인다리란 무당 후보자가 끝끝내 신내림 받기를 거부할 때 신령이 그 후보자가 가장 사랑하는 친족을 죽게 만드는 현상을 말한다. 다른 사람(人)을 통해 신의 뜻을 전한다(=다리)고 해서 붙여진 이름이다. 내가 만났던 무당 중에서 무당 되기를 거부하거나 주저했던 무당들은 예외 없이 이 인다리를 겪었다고 증언했다. 이 일이 정말로 신령이 하는 일인지 알 수 없지만, 이런 일을 몇 번 겪으면 대개의 경우 무당 후보자는 어쩔 수 없이 내림굿을 받는다. 자기 주위에서 사람이 죽어 가는데, 그것도 자기가 가장 소중하게 생각하는 사람이 죽어 가는데 그냥 보고만 있을 수 있는 강심장을 가진 사람은 많지 않을 것이다. 사람이 죽어 나가는 인다리 외에도 본인 또는 주변인에게 흉사(凶事)가 끊이지 않는 경우도 신내림을 받기를 거부하는 경우에 생기는 재앙 중의 한 가지이다.

나는 한국의 무교를 긍정적인 입장에서 보려고 노력하지만 인다리 현상은 가혹하고 바람직하지 않은 모습으로 보인다. 신의 제자가 되는 길이 쉬울 수는 없겠지만 그렇다고 주변 사람, 그것도 무당 후보자가 극히 사랑하는 사람을 죽여서까지 그 길을 가게 만들어야 할까? 모두가 행복해지자고 하는 일에 왜 애꿎은 사람이 죽어야 하는지 이해가 안 된다. 물론 무당 후보자가 자신의 소명을 기꺼이 받아들이면 이런 일은 없을 테니 이 일이 반드시 신령의 책임만은 아니라고 할 수도 있을 것이다. 신내림을 받아서 무당이 되기를 거부하는 것은 무당에 대한 사회적 거부감이 중요한 원인이므로 이 문제는 사회적 요인 혹은 책임과도 무관하다고 할 수 없다. 만일 무당 되는 일이 사회적으로 전혀 지탄받을 일이 아니고 오히려 존경을 받는 일이라면 아마 인다리 현상은 무교에서 발을 붙이지 못할 것이다.

여기서 이와 비슷한 일이 다른 종교에서는 생기지 않는지 궁금해진다. 예를 들어 가톨릭 사제가 되어야 할 운명을 지닌 사람이 계속해서 사제 서품을 거부한다면 그때는 어떤 현상이 생길까? 이 경우에도 인다리 현상까지는 아닐지라도 어떤 형태로든 불행한 일이 생기지 않을까 하는 생각이 든다. 다만 이들 종교에서는 공식적으로는 이러한 일종의 인다리 현상을 믿지 않기 때문에 이와 유사한 경우가 있어도 주목하지 않거나 연관성을 생각지 못하여 '인다리 현상'으로 이해하지 못하는 경우가 대부분일 것이다. 그만큼 사제의 길을 가는 것은 고단하고 엄중한 일임을 알 수 있다.

인다리 현상은 그렇다 치고, 우리는 이 신병의 의미를 파악해야 한다. 무당 후보자들은 왜 인간이 감내하기 힘든 신병을 겪어야만 하는 것일까? 다른 종교의 사제들은 이렇게 고통스

럽게 자기의 길을 가지 않는다. 물론 사제가 되기 위해서는 오
랜 공부(이론과 실행력 그리고 수행력)를 하는 어려운 과정을 거쳐야
하지만 무당이 되는 과정만큼 혹독하다고 볼 수는 없다. 그런
데 왜 무당들은 이런 형극의 길을 가야 하는 것일까? 여기에는
두 가지 이유가 있을 것으로 생각된다. 우선 무당 자신과 관계
된 것이다. 무당이란 어떤 사람인가? 앞에서 누누이 이야기한
것처럼 이들은 신령들과 소통할 수 있는 초능력을 가진 사람이
다. 따라서 우리 같은 범인과는 다르다. 그리고 신령이란 인간
과는 비교할 수 없는 성스러운 존재이다. 이러한 신령과 교통
하려면 일상을 사는 범인 혹은 속인으로는 안 된다. 신령과 소
통할 수 있는 사람은 성스러워야만 한다.

　무당 후보자도 무당이 되기 전에는 속된 인간이다. 이 속된
인간이 성스러워지려면 자신을 정화해야 한다. 이전의 속된 인
간을 벗어던지고 환골탈태(換骨奪胎)를 해야 한다. 그러려면 뼈
를 깎는 듯한 고통을 겪어야 한다. 그런 엄청난 고통을 겪어야
만 이전의 속된 찌꺼기나 때가 떨어져 나가는 것이다. 이전의
일상적인 자기와 결별하는 것은 이렇게 힘든 것이다. 얼른 생
각해 보더라도 일상을 초월하는 종교인이 되는 일이 쉬울 수는
없지 않은가?

두 번째 이유는 무당을 따르는 일반 신도와 관계된 일이다. 무당 후보자가 내림굿을 받은 뒤에 무당이 되면 그다음부터 만나는 사람들은 모두 큰 문제나 고통을 가진 사람들이다. 사람이 무당에게까지 찾아올 정도면 보통 이상으로 힘든 문제에 직면한 경우가 태반이다. 여기저기 다 다녀 보고 해결책을 찾다가 도저히 안 되면 마지막으로 찾아오는 이가 무당이기 때문이다. 그러니 이런 사람들 마음속에는 온갖 고통과 번민이 가득 차 있을 것이 틀림없다. 그래서 그런 사람들을 상대해야 하는 무당은 자아가 매우 강해야 한다. 내담자들의 고통을 자신이 떠맡아도 견딜 수 있어야 한다. 그러려면 자신이 많은 고통을 겪으며 내공을 쌓아야 한다. 고통을 겪으며 단련해 온 사람만이 고통 속에 빠진 사람을 구할 수 있기 때문이다. 본인이 처절하게 아픈 경험이 있는 사람만이 아픈 사람과 공감하고 구원할 수 있지 않을까?

무당이 되려 할 때 반드시 신병을 거쳐야 하는 이유 중의 하나가 여기에 있는데, 무당의 길은 사제의 길과 다를 바가 없다. 사제의 길이 무엇일까? 사제는 본질적으로 자기 자신이 아니라 다른 사람들을 위해 살아야 하는 사람들이다. 그런데 그 다른 사람들은 많은 경우 큰 고통에 휩싸여 있다. 사제는 이들의 고통을 덜어주어야만 한다. 이 고통은 말로만 해서 덜어 줄 수 있는 것이 아니다. 이런 큰 고통에 빠진 이웃들을 구하기 위해서 사제는 먼저 그 고통 속으로 들어가야 한다. 그래서 무당은 그 형용할 길이 없는 고통을 먼저 겪는 것이다. 물에 빠진 사람을 구하기 위해서는 물속으로 들어가야 하는 것과 같다. 다른 사람들의 고통을 제거하거나 고통을 나눔으로써 가볍게 해 주려는 사람은 거의 이러한 과정을 겪는다.

무교가 미신이라는 오명을 뒤집어써서는 안 되는 가장 큰 이유가 바로 여기에 있다. 만일 무교가 미신에 불과하고 무당은 잡신을 숭배하면서 사람들을 속여 재물을 갈취하는 타락한 '민간 주술사'이자 '우상 숭배자'이고 '미신 신봉자'라면 자신을 그렇게 힘들게 하지는 않을 것이다. 그러니까 무교가 순전한 미신이라면 무당 후보자가 이렇게 큰 고통 속에서 자신을 괴롭히면서까지 사제가 되어 남을 도우려고 하지 않을 것이라는 말이다.

이렇게 보면 무당이 되는 것은 신부나 목사가 되는 것보다, 혹은 승려가 되기보다 더 어려운 일일지도 모른다. 그리스도교나 불교 같은 고등 종교의 사제가 되기도 쉽지 않은 일이지만 이들이 무당처럼 혹독한 시련을 겪고 크나큰 고통의 심연에 빠진다는 소리는 그다지 듣지 못했다. 원래 무당이란 앞에서 본 것처럼 자기희생을 하면서 남을 돕는 사람들이었다. 한국 무교의 고향이라 할 수 있는 시베리아 지방의 무당들은 그렇게 수업을 받았다. 지금 우리 주위에서 많이 볼 수 있는 무당들 가운데에는 원래의 모습에서 멀어져 타락한 (것처럼 보이는) 이들이 있다. 그렇다고 무당 전체를 타락한 미신 숭배자라고 매도하는 것은 온당하지 않은 일이다

후(post) 내림굿 이야기

어떻든 이렇게 해서 무당 후보자는 내림굿을 받게 되는데 이때 가장 중요한 것은 자신의 몸주가 될 신령이 정식으로 후보자에게 내려오는 것이다. 이것을 두고 "말문이 트인다"라고 하는데, 만일 몸주가 후보자의 몸에 성공적으로 실리면 무당은 갑자기 그 신령이 되어 공수(말씀)를 전한다.

그러면 진짜 신령이 실렸는지 아닌지는 어떻게 알 수 있을까? 이것은 전적으로 이 굿을 주관하는 후보자 신어머니의 판단에 의존한다. 신어머니는 선배 무당으로서 그의 영적인 체험을 바탕으로 지금 후보자의 몸에 들어온 신령이 진짜 몸주인지 아닌지를 판단한다.

나도 직접 내림굿을 참관한 적도 있고 다큐멘터리로 여러 무당들의 내림굿을 보았는데, 몸주가 될 신령이 그리 쉽게 실리는 것 같지 않았다. 그럴 때마다 신어머니가 계속해서 후보자를 독려하는데, 그러다 몸주 신령이 내려오지 않으면 어떻게 될까? 매정한 소리로 들릴는지 모르지만 몸주가 안 내려오면 그 내림굿은 무효가 된다. 다시 말해 새로 날을 잡아 내림굿을 다시 해야 한다는 소리이다. 그런데 이 내림굿은 한 번 하려면 비용의 단위가 크다. 백만 원 대가 아니라 천만 원 대의 돈이 든다고 하니 말이다. 그러니 무당 후보자의 경제적 출혈이 클 수밖에 없다. 내가 알았던 어떤 무당은 내림굿을 할 때 돈이 없어서 카드로 결제했는데, 나중에 그 빚을 갚느라고 아주 힘들었다고 실토했다. 무당이 되려면 이렇듯 신병 때문에 생기는 육체적인 고통과 내림굿의 비용을 대느라 생기는 경제적인 손실 등 치러야 하는 대가가 아주 크다. 무당이 단지 저속한 귀신 숭배자라면 이런 큰 폐해를 안으면서까지 이 길을 가려고 할까 하는 의구심이 들지 않을 수 없는 일이다.

이렇게 해서 내림굿을 성공적으로 끝내면 새 무당을 기다리고 있는 것은 오랜 기간 밟아야 하는 학습 과정이다. 내림굿을 받는다고 바로 굿을 할 수 있는 게 아니다. 굿이란 대단히 복잡

도약춤 추는 무당

하고 정교한 의례라 배워야 할 것이 아주 많다. 점치는 법부터 시작해서 신령들의 계보나 노래, 춤, 옷, 제상 차리는 것 등등 배워야 할 것들이 너무 많아, 굿을 주도할 수 있을 정도의 수준이 되려면 10년은 배워야 한다고 한다. 물론 주 선생은 자신의 내림굿을 주관했던 신어머니이다. 이 신어머니를 쫓아다니면서 허드렛일도 하고 굿을 제대로 하는 법을 배워야 하는 것이다.

이러한 학습 과정이 오래 걸리는 것은 당연한 일이다. 그럴 수밖에 없는 것이 무교의 대표 의례인 굿은 열 개가 넘는 거리(혹은 과장)로 구성되어 있고 연행되는 시간도 온종일이니 내용이 얼마나 많겠는가. 거리마다 모시는 신령이 다를 터이니 그를 위해 해야 하는 노래와 춤이 다를 것이고, 사설(辭說) 역시 다를 수밖에 없다. 게다가 주인공 신령이 시시로 바뀌니 입는 옷도 달라져야 한다. 무당이 배워야 할 것은 이 외에도 부지기수로 많다.

이와 직접적으로 관련된 주제는 아니지만 인류학자인 고(故) 김영숙 박사는 재미있는 연구를 했다. 그의 책은 제목이 'Six Korean Women'인데, 여기서 6명의 여성은 모두 무당을 말한다. 김 박사는 한국 무당 중에 걸출한 사람 여섯 명을 선정하여 한 사람당 석 달씩 연속적으로 면담을 했다. 여섯 명 각각이 석

무당을 굿을 할 때 입는 옷들

달씩 모두 18개월, 즉 1년 반이 걸린 셈이니 연구치고는 꽤 오래 걸린 것이다. 김 박사는 이렇게 심층의 연구를 한 끝에 이 무당들이 머리도 좋고 말솜씨도 뛰어나며 유머 감각도 높은, 한마디로 대단히 뛰어난 성정과 능력을 갖춘 사람들이라는 결론에 도달했다. 그럴 수밖에 없다고 생각되는 것이 무당이 머리가 좋지 못하다면 굿과 같은 극히 복잡한 의례를 주관할 수도 없고, 수많은 신령과 사람들이 얽어지는 무업을 효율적으로 해낼 수 없기 때문이다. 실제로 내가 만났던 무당들은 성정이 매우 기민할 뿐만 아니라 문제 파악 능력과 쇼맨십, 그리고 유머 감각 등에서 거의 연예인 수준이었다. 그래서 무당을 볼 때마다 저 일은 아무나 할 수 있는 일이 아니라는 생각을 하지 않을 수 없었다.

이 복잡한 학습 과정에 대해 소개하는 것이 이 책의 주제가 아니므로 자세하게 설명할 필요는 없을 것이다. 이 대목에서 중요한 것은 무당이 관습적으로 알려진 것처럼 미신이나 귀신을 숭배하는 저질의 민간 주술사라면 조금 전에 간략하게 본 것처럼 오랫동안 각고의 노력을 하면서 학습의 과정을 거칠 필요가 있겠느냐는 것이다. 그보다는 자신이 힘든 과정은 모두 생략하고 사기나 협잡만을 부려 추종자들의 재물 등을 갈취하지 않을까 하는 생각이다.

그런데 실제 무당들은 그렇게 하지 않는다. 한 사람의 사제가 되는 데에 이렇게 오랜 시간이 걸리는 것은 무교가 나름대로 체계가 잡혀 있고 전통이 있는 순전한 종교이기 때문이다. 지금까지 간략하게 본 무당이 되는 과정을 도표로 한번 보자.

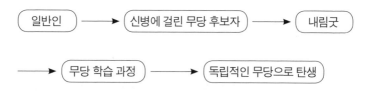

이 도표를 통해 보면, 진정한 무당이 되기 위해서는 일반인부터 시작해서 무려 네 단계를 거쳐야 하고 그 기간은 적어도 십여 년이 걸리는 지난한 과정이라는 것을 알 수 있다. 신병에 걸려서 몇 년을 보내야 하고 내림굿을 받은 뒤에도 학습하느라 몇 년이 걸리니, 이런 오랜 기간이 소요되는 것이다. 그런데 어떤 정신없는 바보가 이런 어려운 과정을 거쳐서 손가락질이나 받는 미신 숭배자 혹은 저질의 주술사가 되려고 하겠는가?

이런 정도의 체계를 갖고 있다는 것은 무교가 '미신'이 아니라는 것을 방증해 준다. 그 과정 내내 스승(신어머니)과 또 주위 사람들의 시선과 접촉이 뒤따르므로 어느 한 과정이라도 생략하거나 거짓으로 꾸밀 수 없다. 같은 맥락에서 무당은 매우 정교한 종교 체제 속에서 오랜 훈련을 통해 탄생하는 엄연한 사제 혹은 민간 종교가라고 할 수 있다. 그들이 사회로부터 인정받지 못하는 것은 권력을 가진 제도권으로 들어가지 못했기 때문일 뿐이다.

굿은 어떻게 하나

굿이란 언제 그리고 왜 하는가

무교에서 가장 중요한 요소를 꼽으라면 말할 것도 없이 굿이라고 할 수 있다. 왜냐하면 무교의 3대 요소라고 할 수 있는 신령, 무당, 신도가 만나는 장이 굿이기 때문이다. 따라서 굿이 없는 무교는 생각할 수 없다.

굿은 왜 하는 것일까? 굿은 아무 때나 하는 것이 아니다. 굿을 하기 위해서는 일정한 절차가 필요하다. 이 점에 대해서는 앞에서 아주 간략하게 보았지만 여기서는 설명의 전개상 자세하게 볼 것이다.

굿은 아무 때나 할 수 없다고 했다. 왜냐하면 비용이 적지 않게 들기 때문이다. 굿은 왜 돈이 그렇게 많이 드는 걸까? 작은 굿을 하더라도 수백만 원의 돈이 든다. 요즘에는 수천만 원 이상 되는 굿도 적지 않다. 이는 얼핏 매우 많은 액수로 여겨지겠지만 전후 사정을 알면 아주 많은 액수는 아니라는 것을 알 수 있다.

세상에서 사업을 할 때도 지출비 중에 인건비가 가장 큰 비중을 차지한다고 하는데 이 사정은 굿을 할 때도 마찬가지이다. 굿은 온종일 하기 때문에 적어도 3명의 무당이 필요하다. 무당 한 명이 온종일 춤추고 노래하는 라이브 무대를 책임질 수는 없는 일이다. 그래서 굿을 주도하는 무당을 제외하고 2명 정도의 인원이 더 필요한 것이다. 그리고 무당들을 도와서 허드렛일할 사람들도 있어야 한다. 여기서 끝나면 좋으련만 굿에서 빼놓을 수 없는 부분이 악사다. 조금 규모 있게 굿을 하려면 악사도 한 명으로는 안 되고 3명은 불러야 한다. 이 사람들에게 수십만 원씩 지급해야 하니 인건비만 수백만 원이 나가는 셈이다. 여기에다 제상 차리는 비용이 덧붙여져야 하고, 굿당 임대료도 내야 한다. 이래서 굿을 제대로 한 번 하려면 수백만 원이 든다는 것인데, 이렇게 다 제하다 보면 정작 굿을 주도한 무당이 가져가는 돈은 그리 많지 않게 된다. 사정이 이런 까닭에 나

굿판 입구에 있는 제상

는 굿을 볼 때마다 굿이 민중의 종교 의례라고 하는데 이렇게 돈이 많이 들어가면 돈 없는 서민들이 어찌 감당할 수 있을까 하는 의구심이 들곤 했다.

　다음으로 굿은 언제 하는 것일까? 굿은 재수굿처럼 복을 받기 위해 정기적으로 하는 것도 있고, 오구굿처럼 사람이 죽었을 때 하는 굿도 있다. 그러나 사람들이 굿을 하는 가장 큰 이유는 혼자 힘으로나 다른 방법으로는 풀지 못하는 큰 문제가 생겼을 때 그것을 풀기 위해서이다. 남편이 하는 사업이 하는 족족 안 될 때라든가, 갑자기 큰 부도가 날 위기에 처해 파산 직

전까지 갔을 때가 그런 예에 속한다고 하겠다. 이처럼 더 이상 별달리 손을 쓸 수가 없게 되면 사람들은 초자연적인 힘을 빌리기 위해 무당을 찾아가 상의한다.

이것은 말이 상의이지, 신점(神占)을 보는 것이라 무당은 신령에게 이 문제를 어떻게 풀어야 할지 물어본다. 무당이 먼저 해야 할 일은 내담자의 사주를 넣고 방울을 울리든지 쌀이나 동전 같은 것을 뿌리는 일을 통해 신령의 의견을 물어보는 일이다. 점 보는 것을 무계(巫界) 쪽의 전문 용어로는 '무꾸리' 본다고 하는데 이 말의 어원은 '묻다'라는 동사라는 설이 있다. 신령에게 해결책을 '묻는다'라는 의미에서 무꾸리라는 용어가 파생됐을 것이라는 설로서, 이것은 국문학계의 원로인 고(故) 서정범 교수가 주장한 것이다. 이렇게 어원적으로 접근하는 것은 100% 확신이 가는 것은 아니지만, 우리가 어떤 대상을 이해하려 할 때 작은 도움을 준다.

이때 무당과 신령 사이에 어떤 식으로 의견 교환이 이루어지는지는 잘 모르지만, 내가 개인적으로 알던 만신은 이렇게 그 과정을 설명했다; "일반인들은 자기네들이 점을 칠 때 신령이 계속해서 모든 것을 말해 줄 것이라고 생각하는데 그것은 사실과 아주 다르다. 실제의 경우에는 신령이 내담자의 상황에 대해 시시콜콜 말해주는 것이 아니라 두세 마디의 단어로만 아주 짧게 알려 준다. 그런가 하면 어떤 때는 단어 대신 냄새를 풍겨 주는데, 무당은 이런 것을 바탕으로 내담자의 상황을 탐문해 간다. 이 경우 제일 좋은 것은 신령이 내담자의 문제와 그 해결책을 영상으로 보여주는 것인데, 이런 일은 그리 쉽게 일어나지 않는다. 그런데 어떤 때에는 신령이 아예 아무 반응을 보이지 않을 때도 있다. 이럴 때면 무당은 유도신문과 같은 질문법으로 내담자의 상황을 염탐해서 그간의 경험을 바탕으로 적당히 넘겨짚어야 한다.”

어떻든 이렇게 해서 신령에게 뜻을 물어보면, 사안의 경중에 따라 처방하는 방법이 각각 다르게 나온다. 가장 낮은 수준의 해결책은 점을 통해서 신령의 말을 전하는 것이다. 이 경우에는 점으로만 끝난다. 점괘만 가지고도 일을 해결하는 것이다. 점에서 나온 신령의 대답만 가지고도 문제 해결이 되니, 이런 경우는 내담자가 처한 곤경이 그리 크지 않은 것을 알 수 있다. 그러나 점만으로 안 될 때는 다음 단계로 가야 한다. 다음 단계는 부적으로 처방하는 것이다. 부적을 써서 삿된 기운이 들어오는 것을 막는 것이다. 물론 이때 부적값을 따로 내야 한다.

부적은 여러 가지 모습을 띠지만 주로 한자(漢字)를 파자(破字)

해서 글자를 길고 복잡하게 만들
거나 아니면 호랑이 같은 동물을
민화 형태로 그리는 경우가 많다.
한자를 파자하는 경우를 보면, 거
북 구(龜) 자 같은 글자를 아래위
로 길게 늘여 그사이에 여러 가지
글자나 도형 같은 것을 집어넣어
서 만드는 방식이 대부분이다.

부적

　부적은 어떻게 생각하면 미신
에 불과하다고 볼 수도 있지만 종교적인 의미가 숨어 있다고
보는 견해도 있다. 미신에 불과하다는 견해는 그림이 그려져
있는 종이 한 장이 어떻게 사람에게 오는 화복을 결정할 수 있
겠느냐는 것으로, 이것은 충분히 이해할 수 있는 시각이다. 그
러나 종교학적으로 볼 때 부적에는 죽음과 부활이라는 순환의
상징이 도형으로 그려져 있어 삶의 새로운 탄생을 말해주는 것
이라는 해석도 있다. 여기서 내가 하고 싶은 이야기는, 부적을
그저 미신적인 것으로 단정하지도 말고 그렇다고 너무 확대해
석하지도 말자는 것이다. 부적은 지금까지 많은 정통의 신종교
가들이 애용하던 방법인지라, 과학적인 사고에 어긋난다고 한

번에 내치는 것은 문제가 있겠다. 비근한 예로 우리와 아주 친숙한 동학이나 증산교에서 부적은 나름대로 중요한 의미로 쓰였던 것을 보면 미신이라고 낙인찍는 것은 성급한 판단이라고 할 수 있다.

그런데 부적으로도 안 된다는 점괘가 나오면 해결책은 또 한 단계 나아가야 한다. 부적보다 한 단계 높으면서 굿보다는 한 단계 낮은 처방으로는 치성(혹은 비손)이 있다. 이것은 약식으로 행하는 굿으로, 정식 굿당이 아니라 무당집이나 신도 집에서 무당 혼자서 하는 의례를 말한다(야외에서 하는 경우도 있다). 그래서 가격도 훨씬 저렴하다. 내가 아는 한 치성 가격은 수십만 원대로 알려져 있다. 규모가 작기 때문에 돈도 그렇게 적게 드는 것이다. 보통 정식 굿을 하려면 앞에서 말한 것처럼 굿당을 빌려야 하고 3명 정도의 무당이 필요할 뿐만 아니라 악사도 불러야 하는데 치성에는 이런 격식이 필요 없다. 그저 무당 혼자서 악기를 치면서 노래하는 형태로 기원을 하면 된다. 이렇게 노래를 하는 이유는 가무를 통해 신도의 막힌 기운을 풀어 주려 하는 것이다. 추측건대 노래로 신령들에게 도움을 청하면 그 신령이 소원을 들어주는 이치일 것이다.

그러나 치성으로도 막힌 기운을 풀 수 없을 정도로 사안이 심

옥심많은(?) 대감 신령으로 분한 무당

각하다고 판단되면 무당은 그제야 신도에게 굿할 것을 권한다. 굿은 이럴 때나 하는 것이다. 물론 이런 과정을 거치면서 면밀하게 생각하지 않고 무조건 굿을 하라고 권하는 무당도 있지만, 원래 굿이라는 의례는 이런 나름의 필요한 중간 과정을 거친 다음에 치른다는 것을 잊어서는 안 된다.

이제 굿 자체에 대해 알아보아야 하는데, 굿은 워낙 복잡한 종교의례라 여기서 그 전모를 밝히는 것은 애당초 그른 일이다. 우리는 한강 이북의 강신무의 굿에만 한정했지만 서울 지역의 재수굿 하나만 보려 해도 단행본이 여러 권 필요할 것이다. 예를 들어 이 재수굿의 대감거리를 보면 여러 명의 대감이 등장하고 그 대감의 성격에 따라 의상이나 대사가 달라지는데, 이런 것들을 다 적을 수는 없기 때문이다. 그리고 이렇게 자세한 서술은 이 책의 주제와도 부합하지 않는다. 따라서 여기서는 굿의 간단한 면모만 살피는 것으로 만족하기로 하자.

굿은 어떻게 하는가

굿을 할 날짜가 정해지면 무당은 굿당을 빌리고 함께할 무당과 악사들을 섭외한다. 이때 필요한 무당의 숫자는 앞에서 언급한 것처럼 보통 3명인데 주(主) 무당 한 사람에 보조 무당 최소한 두 사람이 참여하기 때문에 이런 숫자가 나오는 것이다. 이것은 개인 굿을 할 때 그렇다는 것이고, 별신제 같은 큰 굿을 할 때는 이보다 훨씬 많은 무당이 참여한다. 별신제에 대해서는 따로 설명할 기회가 없을 터인데 큰 규모의 마을굿으로 생각하면 된다. 유네스코에 세계무형유산으로 등재되어 있는 강릉 단오제도 풍어제 성격을 띤 별신제이다. 그 외에도 하회 별신굿이나 은산 별신굿 등 다양한 별신제가 있는데, 이런 굿들

강릉 단오제

은 대부분 무형문화재로 등록되어 있다.

별신제는 대체로 마을의 안녕과 풍요를 빌면서 하는 굿으로, 며칠씩 하기 때문에 비용도 만만치 않아 몇 년에 한 번씩 하는 경우가 많다. 별신굿은 쉽게 말해서 대규모 마을 축제로 생각하면 되는데, 이때 그 중심에는 항상 무당이 있다. 무당, 그것도 여성 사제가 그 축제를 이끌고 나가기 때문이다. 이렇듯 우리는 한국의 기층문화에는 무교가 핵심을 이루고 있다는 사실을 여기서도 새삼스럽게 확인할 수 있다.

굿에 대한 이야기는 이처럼 끝이 없으니 길을 잃기 전에 우리의 주제인 개인 굿으로 돌아오자. 굿이란 보기에 따라 노래와 춤이 그 핵심 내용을 이룬다는 의미에서 뮤지컬과 비슷하다고 하겠다. 판소리를 '1인 오페라(one-man opera)'라고 하듯이 굿도 '1인 뮤지컬'이라고 할 수 있겠다. 물론 굿은 그냥 뮤지컬이 아니라 신과 교통하는 것을 목적으로 하는 신성한(divine) 뮤지컬이다. 그런데 온종일 하는 뮤지컬을 혼자 한다는 것은 있을 수 없는 일이다. 같은 의상을 입고 노래만 하는 판소리와는 달리, 굿은 거리마다 의상을 바꿔 입고 다른 춤을 춰야 한다. 그래서 세 명이 하는 것인데 그래도 버거운 것임은 틀림없다.

악사의 경우는 조금 융통성이 있다. 굿을 부탁한 신도가 돈을 많이 내면 정식에 해당하는 3인조 악사를 부를 수 있다. 이 밴드의 악기 구성을 보면 젓대(민속 대금)와 피리, 그리고 해금으로 구성되는데 이렇게 악기를 셋 '잡히면' 제일 규모 있게 하는 굿이다. 이 정도가 되면 굿을 할 때 드는 비용은 천만 원대를 넘을 것이다. 이런 굿은 꽤 큰 것이다. 그러나 악사를 항상 이렇게 많이 부르는 것은 아니다. 굿을 부탁한 신도가 돈이 없으면 악사는 아예 부르지 않을 수도 있다. 이 경우에는 그냥 무당들이 돌아가면서 장구와 제금(심벌즈처럼 생긴 악기)을 치는 것으

금성당제에서의 악사

로 대신한다.

굿은 그에 대해 잘 모르는 일반인들이 생각하는 것보다 매우 정교하고 수행하기 힘든 의례이다. 굿은 무당 마음대로 하는 것처럼 보이지만 나름대로 격식이나 체계가 확고하고 내용이 튼실하다. 굿의 전체 절차를 보면 보통 열 거리 이상으로 하는 경우가 많다. 물론 마을굿 혹은 별신제 같은 공동체 굿은 앞에서 말한 것처럼 며칠씩 잡고 하기 때문에 이보다 훨씬 많은 거리를 논다. 그러나 개인 굿은 대체로 열두 거리를 전후로 하거나 상회하는 정도이다.

요즈음의 굿은 거의 아침에 시작해 오후 늦게 끝나니, 굿은 밝을 때 하는 것처럼 생각할 수 있다. 그러나 원래 굿은 해가 지면 시작해서 다음 날 새벽에 끝나는 것이 일반적이었다. 이러한 상황이 당연한 것이 무당들이 불러내야 할 존재는 (귀)신에 해당하는 신령이기 때문이다. 이 신령들은 아무래도 낮보다는 밤에 자유롭게 활동하기 때문에, 그들과 잘 만나려면 밤에 굿을 벌이는 것이 제격일 것이다. 이것은 유교의 제사 역시 원래는 자정이 지나야 드리는 게 관행이었던 사실을 생각해 보면 쉽게 이해할 수 있을 것이다. 여기에는 자정과 같은 가장 깊은 밤이 귀신들에게는 자신을 '나투는' 데에 제일 좋은 시간대일 것이라는 생각이 깔려 있다.

그런데 요즘에는 이렇게 밤새 하는 굿은 거의 없다. 내가 십수 년 동안 굿을 보아 왔지만 꼭 한 번 그런 굿을 보았을 뿐이고, 다른 굿은 모두 아침부터 늦은 오후까지 했다. 사정이 이렇게 된 것은 현대인의 삶이 도시 생활이 주를 이루고 있어 낮을 중심으로 움직이기 때문에, 굿 하는 시간도 그것에 맞출 수밖에 없는 것이다. 무당들도 먹고살려면 이전의 관습을 고수할 수만은 없었을 것이다.

굿의 각 거리에는 모시는 신령이 정해져 있고, 그에 따라 입을 옷이나 부를 노래, 해야 하는 일 등이 세세하게 정해져 있다. 이런 것이 제대로 이행되지 않으면 굿 자체가 효험이 없어진다고 여기기 때문에 무당들은 매 거리를 지낼 때 매우 조심스럽게 요건을 갖추어 진행한다. 이러한 절차와 격식에 대해 무당들의 표현을 따르면 '문서에 다 있다'라고 하는데, 이때 말하는 문서는 실제의 '도큐멘트(document)'를 말하는 것이 아니라 자신들의 신어머니에게서 전승받은 체계적인 교육을 뜻한다. 무당들 사이에서는 이 문서를 제대로 받았느냐의 여부를 가지고 자신이 정통이다, 아니다를 따지기도 한다.

굿의 주(主) 거리가 매우 정교한 의식인 것은 두말할 필요가 없지만 우리가 좀 더 주목해야 할 것은 굿의 시작과 처음에 하는 순서이다. 이 순서는 정식 거리에는 포함되지 않기 때문에 이때에는 신도들이 참석하지 않고 무당이 혼자서 진행한다.

먼저 굿은 주 거리를 하기 전에 '부정거리'라는 순서로 시작한다. 이 순서는 말 그대로 굿판에서 부정한 것들을 몰아내고 굿판(미신)을 정화하기 위해 하는 것이다. 이제부터 굿판에는 큰 정신(正神)들이 왕림해야 하기 때문에 지저분한 잡신들은 잠시 자리를 피해야 한다. 그래서 정화하는 것이다. 부정거리 순서에 무당은 노래를 부르면서 술을 여기저기에 뿌린다. 그렇게 함으로써 굿판을 정화해 신성한 공간으로 만드는 것이다. 같은 공간이지만 무당의 주술적인 행위에 힘입어 속된 공간에서 성스러운 공간으로 변모하는 것이다.

이러한 과정을 보고 있노라면 20세기 최고의 종교학자 중의 한 사람이었던 루마니아 태생의 엘리아데(Eliade)가 내린 종교에 대한 정의를 떠올리게 된다. 그는 '종교란 속된(profane) 공간에 성스러움(the sacred)이 침투하는 사건'이라는 멋진 정의를 내렸다. 이 정의가 모든 종교 현상을 설명해주는 것은 아니지만, 부정거리의 경우에는 꼭 들어맞는 것 같다. 이 정의가 잘 들어맞는 경우를 또 꼽으라면 우리나라에 전통적으로 있었던 마을굿(도당굿)을 예로 들 수 있다. 우리나라 마을에서는 도당굿을 할 때 우선 마을 어귀에 있는 장승 앞에서 제를 올리는데, 이때 가장 먼저 하는 일이 이 지역을 성스러운 곳으로 만드는 일이다. 이렇게 하기 위해 서낭당 주변에 황토를 깔고 새끼로 금줄을 치는데, 이것은 말할 것도 없이 그 지역을 정화하기 위함이다. 이런 상징적인 행위를 통해 이 공간은 일상적인 공간에서 성스러운 공간으로 탈바꿈하는 것이다.

무당이 이 부정거리를 통해 굿판을 성스러운 공간으로 만드는 것도 놓쳐서는 안 될 중요한 대목이지만, 또 주목해서 보아야 할 것이 있다. 무당은 이 지역을 정화하기 위해 잡귀들을 물리치지만, 이 잡귀들을 완전히 몰아내지는 않는다는 것이다. 성공적인 굿을 위해 저급한 신들은 잠시 자리를 비워 달라는 것뿐이다. 이들은 잠시 굿판에서 사라졌다가 나중에 다시 돌아올 것이다.

이렇게 해서 굿판이 정화되면 본격적으로 굿이 시작된다. 이렇게 시작된 굿의 내용에 대해서는 잠시 뒤에 보기로 하고 이 대목에서 우리가 먼저 살펴볼 것은 굿의 맨 마지막에 하는 순서이다. 이 순서는 '뒷전거리'라고 불리는데, 굿이 끝난 다음에 그 굿을 부탁한 고객들이 굿판을 떠나고 나서 무당들끼리만 하는 순서이다. 이 거리에는 신도들을 배석시키지 않는데, 그 이유는 그다지 명확하지 않다. 안면이 있는 무당에게 그 이유에 대해 가끔 묻곤 했는데, 단지 '그 거리를 할 때 신도들이 있으면 신도들의 복이 나간다'라고만 대답할 뿐 확실한 이유를 말해주지 않았다. 현장에서 무당들은 신도들에게 뒷전거리가 시작되기 전에 뒤도 돌아보지 말고 바삐 산에서 내려가라고 했는데, 흡사 옛 신화 이야기를 듣는 느낌이었다. 최근에 같이 굿판을 찾았던 어떤 그리스계 미국인 교수는 그리스에서도 어떤 종교

의례를 할 때 마지막에 작별 인사를 하지 않고 헤어진다고 하면서, 그 비슷하게 보이는 점을 아주 흥미롭게 생각했다.

그러면 이 뒷전거리에서 무당이 하는 주된 일은 무엇일까? 이 거리에서 무당이 하는 일은 처음에 굿판에서 쫓아 버린 잡신들을 다시 불러다 먹이는 일이다. 아무리 잡신이라 하지만 무시해서는 안 되기 때문이다. 그런데 말로는 먹인다고 하지만 무당이 주로 하는 일은 장구 치면서 노래하는 것이다. 굿을 하는 동안 자리를 비켜 준 데에 대한 감사한 마음으로 불러다가 푸짐하게 먹이는 것이다. 나는 개인적으로 이 거리가 한국 무교의 굿에서 한국적인 성정을 가장 잘 표현하는 순서라고 생각한다.

한국의 민속(민간)신앙을 보면 대체로 아무리 하찮은 잡귀라도 내치지 않고 포용한다. 서양 종교와는 달리 잡귀나 악귀는 영원한 징벌 대상이 아니기 때문에 이런 생각이 가능한 것이다. 그래서 한국의 민간신앙적인 사고는 선악 개념을 분명하게 하지 않는다는 지적이 나온다. 무교에서 신봉하는 신령도 그런 경우가 많다. 서양 종교에서 말하는 것처럼 선신(善神)이면 선신이고 악신(惡神)이면 악신이어야 하는데, 무교의 신령들은 상황에 따라 그 성격이 백팔십도 변하니 그 선악 여부를 잘 판단할 수 없다는 것이다. 이 문제에 대해서는 나중에 신령에 대해 집중적으로 볼 때 다시 보기로 하는데 원래 민간신앙은 사고가 탄력적이라 이런 일이 생기는 것 같다.

한국의 무교에서 작은 신령에게도 배려를 아끼지 않는 것은 민간신앙과 그 맥을 같이 한다고 볼 수 있다. 한국의 전통 신앙에서는 어떤 생령도 함부로 대하지 않는다. 왜냐하면 그렇게 대우받은 영이 서운하게 생각하고 경우에 따라서는 그 때문에 (원)한을 품기 때문이다. 한을 품으면 사람들에게 해를 끼치니 애당초 한을 품지 않게끔 조심을 하는 것이다.

이것과 같은 맥락으로 주목할 것이 하나 있는데, 한국 신종교계의 거목인 강증산은 이런 말을 한 적이 있다; "나의 일은 파리 한 마리가 한을 품어도 안 된다." 이때 '나의 일'이란 천지공사(天地公事)를 가리킨다. 천지공사란 기능적인 면에서 무당의 굿과 같은 것으로 생각해도 무리가 없다. 증산은 실제로 천지공사를 '천지굿'이라고 부른 적도 있다.

그는 이 우주를 관장하는 상제(上帝)로서 선천(先天) 시대에 쌓인 원한을 이 천지공사를 통해 풀어내겠다고 기염을 토했다. 그런데 파리와 같은, 그야말로 미물 중생에 불과한 보잘것없는 존재라도 한을 품으면 자신의 일이 수포로 돌아갈 수 있다고 밝힌 것이다. 아무리 작은 한이라도 우주의 기운이 흐르는 것을 막을 수 있다고 본 것이다. 이러한 증산의 발언을 통해서 우리는 한국의 민간신앙이 얼마나 작은 생명에까지 신경을 썼는지 알 수 있다. 그래서 나는 증산을 가장 토속적인 종교사상가로 부르기를 주저하지 않는다.

이처럼 뒷전거리에서 벌어지는 상황을 보면 다음과 같은 질문이 떠오른다. 즉 '이처럼 하찮은 생명까지도 배려하는 무교를 두고 과연 세간에서 통상적으로 말하는 것처럼 미신이라 할 수 있을까?' 라고 말이다. 만일 무교가 백성이나 호도하고 미혹하게 만드는 미신에 불과하다면 왜 그 천한 잡령들까지 배려하는 것일까?

무당은 부정거리나 뒷전거리를 하지 않아도 신도들에게 얼마든지 돈을 '뜯어낼' 수 있다. 이 두 순서는 신도들이 참석하지 않으니 아무렇게나 해도 무방하다. 아니, 이 두 순서를 진행하지 않아도 신도들은 상관하지 않는다. 그러나 무당들은 절대로 이 두 순서를 빼지 않는다. 전승되어 온 문서에 그렇게 되어 있기 때문이다. 그러니까 무당은 나름의 전통을 충실히 따르는 것이다.

무교는 현재의 상태가 어떻든 원래는 그렇게 높은 정신을 지켜왔다. 이른바 고등 종교의 높은 정신이 사랑이라고 할 때 무교에도 같은 정신이 이처럼 엄연하게 살아 있었다. 그런데 사람들은 굿에 대해서 그 자세한 내용을 잘 모르면서 그저 막연하게 귀신이나 섬기는 미신의 한 종류로만 생각하고 있는 것이다.

굿의 내용은 무엇인가

지금까지 굿의 처음(부정) 거리와 마지막(뒷전) 거리에 대해서 살펴보았는데, 진짜 굿은 부정거리가 끝나고 난 다음부터 시작된다. 이 뒤부터는 앞에서 말한 대로 대략 열두 거리가 연행되는데, 이 거리에서 모셔지는 신은 하도 다양해서 상세하게 말하기도 힘들지만, 일반 독자들에게는 너무 번거로운 주제라 다 소개할 필요도 없을 것 같다. 신령의 이름은 들어도 이해하지 못하는 것투성이다.

예를 들어 칠성신이나 창부(唱夫)신은 그래도 이름을 들으면 대체로 그 성분을 짐작할 수 있지만, 말명이라든가 가망, 제석 같은 신령들은 이름을 들어도 무슨 성격의 신령인지 알 수 없다. 그리고 신령에 대해서는 나중에 따로 보는 지면이 있으니 그때 소상하게 보기로 하고 여기서는 각 거리에 공통되는 구조를 집중적으로 보기로 하자.

용포 입은 무당

우리가 굿을 이해하려 할 때 중요한 것은 굿이 기초하고 있는 기본 구조라고 할 수 있다. 굿의 전개 문제와 연관해서 유의할 것은 굿에서는 큰 신령부터 모시고 뒤로 갈수록 덜 중요한 신령을 모신다는 점이다.

각 거리의 기본 구조를 보면, 대체로 세 단계로 구성되어 있다. 신을 초치하고(청신, 請神), 타령이나 노랫가락, 춤 등으로 신을 즐겁게 해서 공수(계시)를 받고(오신, 娛神), 신을 다시 본래 자리로 보내는(송신, 送神) 세 단계이다. 이 세 단계에서 무당은 노래와 춤으로 신령을 모신 다음 즐겁게 해주고 다시 보내는 과정을 되풀이한다. 그래서 '굿을 한다'라는 표현과 함께 '굿을 논다'라는 표현을 쓰기도 한다. 거리마다 무당은 격렬한 춤을 춤으로써 엑스터시(망아경, 忘我境) 상태로 들어가 신을 받는다. 그리고 자신의 입으로 신의 말을 전하는데 이것이 굿의 핵심이다. 이때, 앞에서 말한 바와 같이 각 거리에는 불러야 할 노래나 추는 춤, 그리고 의상 등이 모두 확실하게 정해져 있다.

굿 중에서도 이런 형식이 가장 잘 잡혀 있는 굿은 무당이 자기 자신(그리고 자기가 모시는 신령)을 위해서 하는 '진적굿'이다. 이 굿은 무당이 1~2년에 한 번씩 자기가 모시는 신령을 위해 많은 돈을 들여서 하는데, 자기의 몸주신을 위해 하는 것인 만큼 아주 격식을 잘 갖추어 굿을 한다. 이때에는 일반 신도들에게 하는 굿과는 달리 무엇이든 최고로 장만한다. 제수도 최고로 차리고, 의상도 가장 좋은 것을 입으며, 악사도 주요 악기 악사들을 다 초청한다.

나는 미아리에 있는 굿당에서 이 진적굿을 연행하는 것을 본 적이 있었다(이 굿당은 그 후에 문을 닫았다). 일부러 그 굿을 보러 간 것은 아니고 학생들과 답사차 굿을 보러 그 굿당에 갔더니 마침 진적굿이 진행되고 있었다. 학생들은 뭐가 뭔지 모르고 있었지만, 나는 그 굿이 심상치 않게 보여 조용히 관찰해 보았다. 그 굿에 등장하는 모든 것들이 최고라는 것을 직감할 수 있었다. 가장 먼저 눈에 들어온 것은 무당의 의상이었다. 품위와 격조가 단연 최고였다. 그리고 제상도 수준급이었는데 특히 제상 주위를 각종 형상으로 전지한 흰 종이로 장식해 놓은 것이 이채로웠다. 이런 것은 돈이 많이 들어가기 때문에 개인 굿에는 거의 하지 않는데, 역시 진적굿은 달랐다.

이리 보든 저리 보든 이 굿은 그야말로 우아하고 잘 짜인, 수준 높은 종교 의례라는 것을 실감할 수 있었다. 그러나 그 굿이 벌어지는 굿당은 결코 격조 있는 곳이 아니었다. 한국의 굿당이 대부분 그렇듯 이 굿당도 영세함을 면치 못하고 있었다. 독

굿판의 화려한 제상

Ⅰ. 한국의 고유 종교인 무교(巫敎)는 미신인가?

자들은 굿을 직접 볼 수 있는 기회가 거의 없을 터인데 그것은 굿당이 이 미아리 굿당처럼 산 속에 처박혀 있기 때문이다.

이 굿당에 가기 위해서는 꽤 긴 여정이 필요했다. 우선 미아 전철역에서 내린 다음 다시 마을버스로 갈아탔다. 마을버스는 산 위로 한참을 기어 올라갔는데, 종점에 내리고도 한 5분은 걸어 올라가서야 이 굿당에 다다를 수 있었다. 그러니 이 굿당이 얼마나 후미진 데에 있는지 알 수 있을 것이다. 굿당이 이런 곳에 있을 수밖에 없는 가장 큰 이유는 앞에서 누누이 말한 것처럼 한국인들이 일반적으로 굿에 대해 좋지 않게 인식하고 있기 때문이다. 현대 한국인들에게 굿은 미신에 불과한 사술(邪術)이니 자기들의 주거지 근방에 굿당이 들어서는 것을 방관하지 않는다. 그런 까닭에 굿당이 이렇게 멀리 있는 것이다.

또 굿이 벌어지면 어쩔 수 없이 시끄러울 수밖에 없다. 특히 '챙챙'거리는 제금 소리는 귀에 거슬릴 수 있다. 전통 시대에 마을의 어느 집에서 굿을 하면 그야말로 축제판이 벌어져 온 동네가 들썩거렸지만, 이제는 이런 마을공동체가 사라졌으니 굿판은 더 이상 그런 기능을 할 수 없다. '굿이나 보고 떡이나 먹자' 같은 격언은 이전에나 어울리지, 지금 같은 도시 중심의 산업사회에는 맞지 않는다. 그래서 굿판에서 나는 음악 소리가 옛사람들에게는 가슴을 두근거리게 하는 소리였겠지만 현대인들에게는 소음에 불과한 것이 되어 버렸다. 상황이 이러하니 무당들이 일반 시민의 눈을 피해 더 깊숙한 산속으로 들어가 굿을 하는 것이다.

그런데 이 미아리 굿당에서는 아주 묘한 광경이 연출되고 있었다. 굿이 벌어지고 있는 방은 매우 누추한데 그 안에서 행해지고 있는 의례는 아주 화려하여 양자가 묘한 대조를 이루고 있었던 것이다. 굿은 수천 년의 전통 속에서 발전을 거듭해 완성도가 지극히 높은 종교 의례가 되었는데 그것을 받아주는 현실은 그렇지 못해 양자의 간극(間隙)이 너무 크게 된 것이다. 내가 보기에 그날 보았던 굿은 고등 종교의 어떤 종교 의례와 비교해보아도 결코 손색이 없었다. 그런데 우리는 그 보배 같은 자산을 산속에서 숨어서 하는 미신으로 전락시켜 버린 것이다. 언제가 되어야 한국인들은 자조감을 느끼지 않고 자신들의 종교 의례를 공개적으로 할 수 있을지 그날을 기약할 수 없다.

그런가 하면 그 옆방에서 벌어지고 있던 굿은 다른 의미에서 가관이었다. 굿당 관계자의 설명을 들어보니 그 굿은 재일동포가 일본에서 부탁한 것이라고 했다. 그래서 이 굿은 당사자 없이 무당들끼리만 하는 굿이었다. 그런데 그 굿에서 이채로웠던 것은 굿의 전 과정을 비디오카메라로 녹화하고 있다는 점이었다. 이렇게 전부 녹화해서 일본에 있는 고객에게 보내준다는 것이었다. 이런 모습도 재미있지만 이 굿에서 정작 볼 만했던 것은 신령에게서 공수(말씀)가 내리자 그것을 휴대전화로 일본에 있는 고객에게 현장 중계하는 것이었다. 물론 국제전화를 한 것인데 현대에 와서 극도로 발달한 IT 산업이 굿판에서 이렇게 이용되고 있었다.

다시 굿의 내용으로 돌아가자. 굿의 전체 과정을 보면 주술적인 요소들이 적지 않게 나온다. 특히 굿을 하라고 할 때 내세우는 이유가 그러하다. 가장 많이 등장하는 이유가 조상들 못자리가 안 좋다는 것이다. 조상들이 좋지 않은 곳에 묻혀 이장해 달라고 자손들을 조르기 때문에 나쁜 일이 자꾸 생긴다는 것이다. 그래서 산소를 이장하고 굿을 해서 조상들의 한을 풀어주면 모든 문제가 풀린다는 것이 무당들의 주장이다. 2024년 공전의 히트를 한 영화 〈파묘〉에서도 이런 주제가 극단적으로 확장되어 다루어지고 있었다.

이 외에도 나쁜 기운이나 악귀를 내쫓겠다고 칼이나 창 같은 무기를 써서 내담자를 위협하는 것도 주술적인 예에 속한다. 굿 하는 중에 굿을 부탁한 손님을 웅크리게 하고 그 위를 천으

사슬 세우기

Ⅰ. 한국의 고유 종교인 무교(巫敎)는 미신인가?

로 덮은 다음 칼과 창으로 베는 시늉을 하는 순서가 있는데, 이렇게 함으로써 내담자에게 있는 나쁜 기운이나 귀신을 내쫓을 수 있다고 여기는 것이다. 나는 이런 주술적인 것에는 그리 동의하지 않지만 상징성은 있는 순서로 보인다.

굿의 과정에서 일반 참관인의 이목을 가장 집중시키는 순서는 작두 타기나 삼지창에 돼지 같은 동물을 통째로 세우는 일이다. 이 중에 작두 타기는 실행하기 어려운 일이라 해도 그 과정을 논리적으로 이해할 수는 있다. 작두의 날이 예리하겠지만 그 위에 올라가서 몸무게를 잘 분산하면 서 있는 것이 불가능한 일은 아닐 것이다. 그러나 정작 작두날에 올라가는 무당은 작두를 탈 때마다 혹시라도 있을 사고 때문에 극도의 긴장 상태가 된다고 한다. 그리고 실제로 간혹 사고가 나기도 한다.

요즘은 더욱 보기 드물게 된 순서는 돼지를 얹은 삼지창을 세우는 것이다. 이것은 '사슬 세우기'라고 불리는데, 신도들이 바친 정성을 신령이 받아들였는지 아닌지를 알아내는 순서이다. 여기서 먼저 하는 일은 삼지창을 세우는 것인데 이 일부터가 쉬운 게 아니다. 주발 같은 데에다가 소금을 넣고 그 위에 삼지창을 세우는 것인데 이 일이 쉬울 리가 없지 않겠는가? 그런데 그위에다가 돼지 한 마리를 얹혀서 삼지창의 중심을 다시 잡는데 이 일은 암만 생각해도 쉬운 일이 아닐 것이다. 그런데 신기한 일은 이렇게 육중한 삼지창이 바로 선다는 것이다.

신촌 네거리 근처에서 마포 부군당 굿을 볼 때였다. 삼지창을 세우는 순서가 되자 공연히 내가 긴장되었다. 혹시나 서지 않으면 어떻게 하나 하는 노파심 때문이었다. 이윽고 삼지창에 돼지를 얹은 다음 무당은 중심을 잡으려고 이리저리 재고 있었다. 그런데 삼지창이 설 기미가 보이지 않았다. 돼지가 있어 육중한 창이 자꾸 옆으로 기울어져 아무래도 성공할 것 같지 않았다. 그럴 수밖에 없는 게 처음에 삼지창 위에 돼지를 놓을 때 이리저리 잰 다음에 놓는 것이 아니라 대충 그냥 얹혀 놓기 때문이었다. 그러자 무당이 고함을 쳤다. "신령님께 정성이 부족하니 어서 정성을 보이라"라는 것이다. 그 말에 신도들이 우르르 나오더니 만 원짜리 지폐를 돼지의 등 여기저기에 붙여 놓았다. 그렇게 하기를 한 몇 분, 거짓말같이 삼지창이 섰다. 그리곤 무당이 돼지 등을 탁탁 쳐도 더 이상 흔들리지 않았다. 신령이 신도들의 정성에 감응한 것인지 어떤 것인지는 잘 모르겠지만 이 사건은 참으로 기이한 장면으로 아직도 눈앞에 선하다.

한국인의 근원 신앙인 무교

굿의 종류–오구굿을 중심으로

이제 어떤 굿이 있는지 보기로 하자. 굿에는 여러 종류가 있
는데 그 가운데에서도 좋은 운이 들어오게 하는 '재수굿'과 대
표적인 사령제(死靈祭)인 '오구굿'이 가장 많이 연행된다. 이 외
에도 앞에서 본 진적굿이 있고, 병 고칠 때 하는 병굿, 그리고
환갑이나 결혼식처럼 집안에 기쁜 일이 있을 때 하는 여탐굿
등 일일이 거론하기 힘들 만큼 굿 종류는 많다. 이 가운데 병굿
은 상류층에서는 우환굿이라는 점잖은 이름으로 불리고, 기층
에서는 우리에게 친숙한 '푸닥거리'라는 이름으로 불린다.

앞에서 본 굿들이 개인이나 가족에게 한정된 것이라면 마을

은산 별신제 행렬

단위로 하는 굿도 많다. 강릉 단오제나 은산 별신굿, 하회 별신
굿 등이 대표적인 것인데, 모두 마을의 번영과 안녕을 위해 하
는 굿이다. 이런 굿은 규모가 크기 때문에 며칠에 걸쳐서 하는
경우가 많다. 이 가운데 은산 별신굿(제)은 백제 부흥 운동을 주
도한 복신과 도침을 기리기 위해 하는 굿으로, 일반적으로 3년
에 한 번씩 한다. 굿을 하는 전 기간이 15일이나 된다고 하니
그 규모를 알 만하겠다. 이렇게 유명한 마을굿 말고도, 예전에
는 우리나라의 대부분 마을에는 도당굿 등으로 불리는 마을굿
이 있었다. 그런데 이러한 마을 축제의 중심에는 대개 무당이

있었다고 했다.

이러한 굿 가운데 오구굿을 좀 더 자세히 들여다보자. 필자는 이 오구굿이 다른 어떤 종교의 사령제보다 그 기능이 뛰어나다고 생각한다. 사람이 죽었을 때 가족들은 경황이 없어 그 영혼과 제대로 이별하는 경우가 많지 않다. 특히 부모님이 돌아가시면 자식들은 항상 불효한 것 같아 감정의 찌꺼기가 남기 마련이다. 오구굿은 이런 경우에 하는 것이다. 부모의 혼을 불러 제대로 이별하기 위해 이 굿을 하는 것이다.

이 굿의 하이라이트는 부모의 혼이 무당에게 들어왔을 때이다. 이때 부모의 영혼과 자식들은 서로에게 하지 못한 말을 나누면서 감정의 앙금을 털어 낸다. 특히 자식의 입장에서는 자신이 다하지 못한 효를 그 기회를 통해 탕감 받는 효과가 크다. 그렇게 속을 털어놓아야 자식들은 더 이상 죄의식에 시달리지 않을 수 있는 것이다. 이때 자식들은 자신들의 어머니 혼이 들어왔다고 믿어지는 무당과 대화를 통해서 제대로 된 이별을 한다. 이 순서는 통상 울음바다가 되는 경우가 많다. 이 장면에서 무당이 먼저 크게 통곡하면서 자식들의 곡을 유도하기 때문이다. 그러면 양자가 서로 부둥켜안고 원 없이 운다.

이런 '짜임새'는 매우 훌륭하다고 생각된다. 왜냐하면 이렇게 함으로써 서로 간의 감정이 정화되고 남았던 앙금이 정리되기 때문이다. 이 순서에서 이렇게 울기만 하는 것은 아니다. 자식들은 자신의 부모로 분한 무당에게 "어머니, 이 불효자식을 용서해 주세요."와 같은 식으로 용서를 청하면 그 무당은 부모를 대신해서 "아니다. 네 덕에 난 이생 잘 살았다."라고 답하는데 이런 대화를 통해 자식들은 죄의식에서 면책되는 것이다.

오구굿은 아주 상징적인 순서로 끝나는데 그것은 부모의 넋을 넋전 상자에 싣고 저승으로 가는 것이다. 이때 이 부모의 혼을 데리고 가는 신령은 그 유명한 '바리공주'이다. 이 신령은 저승과 이승을 넘나들 수 있는 초능력을 갖고 있어 이런 대단한 신령이 자기 부모의 혼을 데리고 저승길로 간다고 생각해 자식들은 안심하게 된다. 저승길이 아무리 험난해도 마음이 놓이는 것이다. 이렇게 해서 굿이 끝나면 산 자와 죽은 자 사이의 질서가 잡히고 모두 정상적이고 건강한 생활을 할 수 있게 된다. 죽은 자는 저승으로 가고, 산 자는 다시 일상으로 돌아오는 것이다.

오구굿의 이런 면은 다른 종교 의례에서는 찾을 수 없는 아주 뛰어난 종교 의례 양식이라고 할 수 있다. 무당이 부모의 혼을 받았다고 하지만 단지 그가 부모 역할을 대행한다고도 볼 수 있다. 무당은 전혀 모르는 사람들을 위해 그 부모 역할을 하

유족들을 위로하는 무당

면서 같이 울고 달래며 해원(解寃)하는, 절대 쉽지 않은 일을 하는 것이다. 이렇게 적극적으로 부모 잃은 자식의 슬픔을 어루만지는 행위는 승려나 목사, 신부들에게서는 발견하기 힘들다. 그들은 보통 경건한 의례를 통해 망자를 잃은 가족들의 슬픔을 달래 주는데 이것은 가족들의 성에 차지 않을 수 있다.

부모를 여읜 것은 하늘이 무너지는 느낌일 터인데 경건하게 있기에는 슬픔이 클 수 있다. 특히 감정 표현이 자유로운 기층민들에게는 이런 기성 종교의 의례가 너무 형식적일 수 있다.

대신 무당과 같이 마음껏 울면서 슬픔을 같이 나누는 것이 그들에게는 더 적합할 것이다. 무당은 그런 정황을 간파하고 그들과 같이 울고 웃고 하는 것일 거다. 나는 이런 면에서도 무교의 비非주술적인 면을 본다. 무당이 미신 신봉자라면 이렇게 힘든 일을 자처해서 할 리가 없기 때문이다.

무교가 미신으로 비판받는 가장 큰 이유는, 있지도 않은 잡신을 상정해 놓고 그것에 대고 빌고 제물을 바쳐 복을 받으려 한다는 점 때문일 것이다. 아울러 무당이 이런 신에 지펴 신의 말을 전한다고 하면서 횡설수설하는 것도 도무지 납득할 수 없는 일이라고 할 것이다. 그뿐만 아니라 자꾸 굿을 하라고 하고 돈과 재물을 요구하는 것도 정히 미심쩍다는 반응이다. 이런 것이 모두 합해져 무교는 미신이자 우상숭배라는 평이 널리 퍼지게 된 것이다. 이 가운데에서도 무당들이 신봉하는 신들이란 있지도 않거니와 있다 하더라도 극히 저급한 잡령에 불과하다는 비판이 가장 우세할 것이다. 사정이 그렇다면 이 대목에서 무교에서 신봉되는 신이 어떤 존재인지에 대해 파악하는 일이 필요하겠다.

한국 무교의 신령

한국의 무당이 신봉하는 신령은 그 수가 하도 많아 다 열거할 수 없다. 우선 일월신 같은 자연신이 있고, 땅을 신격화한 토지신도 있다. 필자는 2008년 6월에 인왕산 국사당에서 굿을 볼 기회가 있었는데, 그때 '아파트 대감 신령'이 등장하는 것을 목격했다. 요즈음 사람의 대표적 주거지인 아파트가 워낙 중요한 재산 항목이 되다 보니 그것마저 신격화한 것이리라. 그러나 전통적으로 가장 많이 알려진 신은 영웅적인 생애를 살았으나 최후가 비참했던 최영 장군이나 관우 같은 실존 인물들이다. 특히 최영 장군은 무당계에서 인기가 매우 많은 신령이다.

그 때문에 최영 장군을 모신 무당들이 많은데, 이것은 최영이 당대에 민중들의 동정을 샀기 때문일 것이다. 운이 다한 고려 말에 나라를 구하겠다고 애를 쓰다 이성계 일파에 의해 희생당했으니 동정을 받을 만하겠다. 게다가 이렇게 죽었으니 한(恨)이 많을 터. 이런 점이 최영을 한국 무교에는 딱 맞는 신령으로 만들었다. 최영 장군처럼 강력한 위력(무력)이 있고 한이 많은 상태에서 죽으면 무당들에게는 최적의 신령 후보감이다.

최영을 모신 신당(무당이 자신의 집에 만든 신당) 가운데 가장 기억

굿당에 모셔진 산신상

에 남는 곳은 경기도 장흥에 있는 장군 신당이다. 이 신당은 서씨 성을 가진 만신이 운영하고 있는데, 천여 평의 대지에 아주 깨끗한 조경이 무척 인상 깊었다. 대개 신당이나 굿당은 그리 깨끗하지 못한데 이 신당은 아주 청결하게 되어 있어 우리 민속에 관심 있어 하는 외국인이 있다면 이 신당을 소개하면 되겠다는 생각이 들었다(그런데 나중에 이 굿당은 '청향사'라는 절이 되었다).

최영과 비슷한 이유로 박정희를 모시는 무당도 있다. 박정희를 모신 무당이 있다는 소리는 이전부터 들어왔는데 그 실체를

I. 한국의 고유 종교인 무교(巫敎)는 미신인가?

무당집에 모셔진 박정희 부부

접하지는 못하고 있었다. 그러다 극히 2009년 6월에 그리스계 미국인 교수를 점집에 안내할 일이 있어 이 무당을 수소문해서 만나볼 수 있었다. 서울 하월곡동에 위치한 이 만신 집에 가보니 제단 가운데에 박정희와 육영수의 사진을 크게 모셔 놓았다. 육영수의 경우 그가 박정희의 배우자라는 이유에서가 아니라 그 역시 결코 평탄한 최후를 마치지 못한지라 같이 모셔져 있는 것 같았다. 그래서 이 두 사람의 영혼 역시 한국 무당들이 좋아할 수밖에 없는 신령 감이라 할 수 있는 것이다.

그런가 하면 맥아더 장군의 혼령을 모신 무당도 있다. 맥아더의 경우는 그가 비참한 최후를 맞이하지는 않았지만 세계에서 가장 '센' 나라인 미국에서 제일 강한 장군으로 인식되어 한국에서 신령으로 부상하였을 것이다. 게다가 그는 한국인들에게 한국전쟁 때 인천 상륙작전으로 패전 위기에 몰린 정세를 기적적으로 반전시키면서 아주 강한 인상을 심어 주었기 때문에 무당들의 레이더에 포착되지 않았나 싶다.

　　맥아더도 외국에서 들어온 신령이지만 전통적으로 외래 종교로부터 들어온 신령은 꽤 많다. 그중에서도 불교 계통인 부처님이나 제석신은 가장 유명한 신령이다. 토착 신령들도 만만치 않다. 토착이면서 실존 인물이 아닌 신령들로는 대감 신령, 창부신, 산신, 곽곽선생 등 그 수를 다 셀 수 없을 정도다. 그러나 숫자로만 보면 가장 많은 신령은 조상신이다. 사람이 죽으면 다 조상신이 되니 그 수를 헤아린다는 것은 아예 불가능한 일일 것이다. 이렇게 신령들을 나열하다 보면 끝이 없는데, 이 정도만 보아도 한국 무교에서 신봉되는 신령들의 모습이 대강은 나왔을 것으로 생각된다.

　　이 신령들을 통해 보건대 한국 무교는 종교발달사적으로 초기에 가깝다고 할 수 있다. 초기 단계란 아직 불교나 그리스도교 같은 이른바 '고등' 종교가 나오기 전의 단계라 할 수 있다. 종교를 저급과 고급으로 나누는 진화론적인 접근법으로 보는 것은 종교학에서는 극력 꺼리는 일이지만 그래도 어느 정도의 발달 단계는 존재한다고 보아야 한다. 가령 이 세상 만물이 모두 살아 있다고 생각하는 것은 애니미즘적인 신앙 단계라 볼 수 있는데 이 신앙은 종교의 초기 발달 단계에 속한다(이 애니미즘도 등급을 나눌 수 있어, 쉽게 초기 단계에 속한다고 단정할 수 있는 것은 아니다!).

한국 무교는 이런 '초기' 애니미즘적인 신앙에 가깝다. 한국 무교에서는 만물에 인격이나 신격을 부여해서 신봉하기 때문에 그렇게 볼 수 있다. 그래서 종교발달사적으로 볼 때 초기에 해당한다고 한 것이다. 그러나 그렇다고 해서 그리스도교나 불교를 신앙하는 사람들이 모두 이런 애니미즘적인 신앙을 졸업했다는 것은 아니다. 오히려 그 반대다. 그리스도교나 불교 신앙 안에도 이런 애니미즘적인 요소가 아주 많이 보이는데 이 문제에 관해서는 뒤에서 다시 볼 것이다. 최근의 신사조로 '신애니미즘'이 각광을 받고 있음을 고려하면, 애니미즘은 오히려 미래로 열린, '오래된 미래의 종교'라고도 할 수 있다. 이는 무교에도 해당할 수 있다.

한국 무교는 이처럼 초기 인류가 간직하고 있던 애니미즘적

신령들

인 신령 사상을 담지하고 있는데 그 무대가 한국이기 때문에
한국적인 색채가 짙게 깔리게 된다. 예를 들어 앞에서 한국 신
령들은 선악 개념이 불분명하다고 하였는데, 이것은 매우 한국
적인 상황이다. 선악 개념이 불분명하다는 것은 쉽게 말해 선
신이나 악신이 확실하게 구분되지 않는다는 것이다. 굿을 할
때 보면, 자신을 제대로 모시지 않았다고 진노한 신령이 금세
라도 인간들에게 큰 벌을 내릴 것처럼 외치다가도 신도들이 싹
싹 빌면 곧 관대한 신으로 바뀐다.

이처럼 한국계 신령들은 어떤 정해진 성격을 갖고 있지 않다. 위해 주고 제물을 많이 바치면 복을 주고 그렇지 않으면 협박을 하는 등 신령의 성격이 일관되지 않다. 이런 모습이 한국의 무교에서만 보이는 것은 아니다. 전 세계에 편재해 있는 이른바 '원시 신앙(primal religion)'을 보면 한국 무교와 비슷한 면을 쉽게 찾을 수 있다. 예를 들어 중남미의 '부두(Voodoo) 신앙' 같은 것이 그것이다. 이런 민간신앙에서는 신을 기쁘게 하려고 할 때 소위 고등 종교에서 말하는 보편적 덕목인 사랑이나 지혜의 실천을 통하는 것이 아닌 경우가 대부분이다. 대신에 신에게 철저하게 복종할 것을 강조하고 금기(taboo)나 계율을 잘 지키는 것이 결정적으로 중요한 요소로 등장한다. 그리고 추종자들은 이런 행위를 통해 신과 흥정을 하고 신에게서 그에 맞는 보상을 받으려고 한다.

그런데 다시금 주의할 것은 이런 모습이 그리스도교 신자나 불교 신자들에게서도 왕왕 발견된다는 것이다. 특히 그리스도교의 경우, 엄밀히 말하면 유대교이지만, 구약(히브리 성서)에 나오는 것처럼 아브라함에게 아들인 이삭을 바치라고 으름장을 놓는 야훼 이야기 역시 이 예에 속한다고 하겠다. 여기에는 사랑이나 정의보다는 복종과 흥정만이 있기 때문이다. 이런 맥락에서 볼 때 종교란 무엇을 믿는 것이 중요한 게 아니라 어떻게 믿느냐가 중요하다고 할 수 있겠다.

한국 무교의 신령들 사이에 위계적인 질서가 전혀 없는 것은 아니지만 그다지 명확하지 않은 것도 한국적인 요소라 할 수 있다. 한국 무교의 신령들은 단독으로 움직이며 자기를 몸주로 하는 무당을 매개로 현현하기 때문에, 신령들 간에 소통이 별로 없는 것으로 보인다. 그냥 따로따로 존재하다가 자기를 섬기는 거리에 나타나 굿 한번 받아먹고 가면 끝이다. 신령들이 많은 판테온(神殿)에서는 대부분 신들 사이에 위계가 생기는 법이다. 높은 신이 있고 그 밑에 신하처럼 부리는 신이 있는 위계 구조가 생긴다는 것이다. 그런데 이유는 잘 모르겠지만 한국 무교의 만신전에는 이런 게 잘 보이지 않는다. 잡신들은 하위 신령들로 여겨지기 때문에 아예 격외로 치지만, 무당들이 인정하는 이른바 정신(正神)들은 대체로 동등한 위계 구조에서 서로에게 무관심한 편이라고 할 수 있다.

아울러 앞에서 간간이 언급했지만, 무교에서 인기 있는 신 가운데 한이 많은 신령들이 대표급 신령으로 인정되는 것도 한국적인 특징이라 하겠다. 한국 무교는 인간이 지니고 있는 한을 큰 악 혹은 큰 문제로 생각했다. 무당들의 해석에 의하면, 인

개인 신당 ⓒ최정화

간세계에 문제가 생기는 것은 죽은 조상들의 영을 포함해서 한을 품었던 신령인 경우가 많다.

이때 한은 이렇듯 인간과 신령 사이에 생기는 소통 장애에서 발생하는 현상이라 할 수 있다. 굿을 하는 것은 이 한을 풀어서 막힌 기운을 다시 뚫기 위해서이다. 이럴 때 좋은 신령은 이런 경험을 이미 겪은 신령이라 할 수 있다. 그래야 그 체험을 바탕으로 사람의 한을 잘 풀어 줄 수 있지 않겠는가? 이런 데에서 연유했겠지만 한국 무교에서는 최영 장군이나 관우처럼 한을 품고 죽은 신령들을 매우 높이 평가한다고 했다. 여기에는 그들이 위대한 인물임에도 불구하고 처절하게 죽은 데에 대한 동정심과 그들이 갖고 있는 강한 힘을 빌려 보려는 생각이 작용했을 것으로 생각된다.

어떻든 한국 무교에서 보이는 이러한 신령들의 모습은 아주 정교하게 발전되어 있는 그리스도교 등 '고등' 종교의 신과는 큰 대조를 보인다. 그래서 한국 무교가 종교발달사적으로 볼 때 초기에 속한다고 한 것이다. 그러나 한편 생각해 보면 그럴 수밖에 없는 것이, 이 무교가 상대하는 계층이 민중이었기 때문에 복잡한 교리는 그다지 필요없었을 것이다. 대신에 민중들이 감각적으로 느낄 수 있는 부분, 즉 노래와 춤, 그리고 기복을 구하는 기제(mechanism) 등을 극대화해서 발전시켰을 것으로 생각한다.

그렇다고 해서 무교의 신령들에게서 소위 '고등' 종교적인 요소가 발견되지 않는 것은 아니다. 예컨대 바리공주 신화를 보면 윤리적으로 고등한 개념이 나오는 것을 알 수 있다. 바리공주는 서울 지역의 무당들이 자신들의 시조라고 믿는 신령인데, 높은 윤리 의식과 대단한 능력을 갖춘 신령으로 여겨진다. 이 사정을 자세히 알기 위해서는 바리공주 신화를 살펴보아야 한다.

문화 영웅, 바리공주 이야기

바리공주 신화에 따르면, 바리는 딸만 일곱을 둔 왕가의 막내 공주로 태어났다. 그러나 딸만 태어나는 것에 상심한 부왕에 의해 바리공주는 버림을 받게 된다. 그 뒤 많은 세월이 지난 후 부왕이 불치병에 걸리게 되는데, 치유할 수 있는 약은 저승에만 있다는 진단을 받게 된다. 이때 바리의 여섯 언니들은 모두 약 가져오는 일을 거절한다. 왜냐하면 저승에 가야 한다는 건 죽는 것을 의미하기 때문이다. 아무리 아버지를 구하는 길이라 하지만 자신이 죽어야 한다면 그 길을 선뜻 나설 수 있는 자식은 현실적으로도 흔치 않을 것이다. 게다가 저승길은 한 번도 가 보

바리공주의 신장(神裝)을 한 무녀(巫女)

Ⅰ. 한국의 고유 종교인 무교(巫教)는 미신인가?

지 않은 길이라 어떤 험악한 고난이 기다리고 있는지 알 수 없으니, 보통 인간이라면 감히 나설 수 없는 길이었을 것이다.

그러나 영웅인 바리는 달랐다. 버림받아 대궐 바깥에 살고 있던 바리는 이 소식을 듣고 기꺼이 약을 구하러 떠난다. 저승까지 가는 길은 말할 수 없이 험난했다. 바리공주 설화는 이 과정에 대해 장황하게 설명하고 있지만 우리의 주제에서 벗어나니 그에 대한 자세한 묘사는 삼가야겠다. 대신 보통 사람이라면 절대로 견뎌낼 수 없는 엄청난 시련과 환란이 연속적으로 바리를 덮쳤다고만 해 두자. 그러나 영웅에게는 항상 돕는 세력이 있는 법. 숱한 고난이 있을 때마다 바리는 관음보살 같은 대신령으로부터 도움을 받아 무사히 저승에 도착한다. 그런데 거기서 만난 수문장인 무장 신선은 약을 주기는커녕 무리한 요구를 한다. 자신의 아내가 되어 수년 동안 수발을 들고 아들을 낳아 주면 약을 주겠다고 제의한 것이다.

바리는 아버지를 살려야겠다는 일념 아래 그의 요구를 다 들어준다. 몇 년을 밥해 주고 빨래해 주고 일곱 명의 아들까지 낳아 주는 등 한 사람의 아내로서 소임을 다했다. 그렇게 해서 무장 신선의 소원을 다 들어준 다음 바리는 약을 요구했다. 그랬더니 허망하게도 바리가 매일 길어 쓰던 그 물이 바로 약이란

다. 실망할 겨를도 없이 약을 챙긴 바리는 남편과 아들과 함께 아버지가 있는 이승으로 향했다.

그런데 그렇게 수년이 지났어도 불치의 병을 앓고 있었던 부왕은 살아 있었던 모양이다. 물론 그다음 이야기는 충분히 예측할 수 있는 것처럼 바리가 구해 온 약으로 왕을 살려내는 것이다. 이렇게 해서 되살아난 부왕은 바리에게 그녀가 바라는 것을 무엇이든 다 들어주겠다고 제안한다. 심지어 왕국의 절반도 줄 수 있다고 했다. 그러나 영웅은 세속적인 물욕에 가볍게 넘어가지 않는다. 바리의 소원은 외려 순박했다. 다른 것 다 필요 없고 단지 자신은 무당의 조상이 되겠다는 것이었다. 그는 그렇게 해서 무당의 조상이 되고 아들들은 칠성(신)이 되면서 이 이야기는 마무리된다.

바리공주 신화는 전형적인 문화 영웅 이야기이다. 보통 인간들은 지닐 수 없는 덕과 용기를 갖고 있을 뿐만 아니라 절대로 이겨낼 수 없는 역경을 견뎌낸 인간이 바로 이런 사람들이다. 이런 부류의 인물들은 주로 신화적인 방법으로 묘사된다. 바리는 그야말로 순전한 '슈퍼 헤로인(super heroine)'이다. 왜냐하면 아버지가 비정하게도 자신을 버렸건만 그 아버지를 위해 죽음의 길로 뛰어들었으니 말이다. 바리의 여섯 언니들은 보통 인간들을 대표한다. 사실은 이 언니들이 정상(normal)인 것이다. 아무리 효가 중요하다지만 자신의 목숨을 바치면서까지 효를 할 수는 없는 것 아니겠는가? 그러나 바리는 그러한 일반적인 관념을 넘어 인류의 숭고한 덕인 효를 위해 희생적으로 매진했고, 그 결과 아버지를 살려낼 수 있었다. 그뿐만 아니라 왕국의 절반도 줄 수 있다는 부왕의 선심을 마다하고 무당의 시조가 되는 길을 선택하게 된다.

서울 지역의 무당들은 이 이야기를 통해 자신들의 시조가 범상한 인물이 아니라는 것을 말하고 싶었을 것이다. 앞에서 말한 대로 인간의 한계를 뛰어넘는 엄청난 실천력을 지니고 있을 뿐만 아니라, 저승과 이승을 왔다 갔다 할 수 있는 초능력을 가지고 죽은 목숨까지 구제하는 최고의 무당이 자신들의 선조이기 때문이다. 그래서 그의 후예인 자신들 역시 그런 덕목과 능력을 갖추고 있다는 것을 우회하여 표현하고 싶었을 것이다. 우리가 여기서 보고자 하는 것은 무당의 시조가 누구냐 하는 것이 아니라 이 바리공주 신화에서 보이는 고등 종교적인 요소이다.

바리가 보여주었던 덕목은 '원수를 사랑하라'라고 가르친 예수의 말씀과 그다지 다르지 않다. 딸이라는 이유로 갓난아이인 자식을 매정하게 버린 부모는 원수까지는 아니더라도 그에 버금가게 미운 존재이다. 단지 아들이 아니라는 이유로 나를 버렸으니 말이다. 인간으로서는, 그것도 부모이자 왕국의 주인인 국왕으로서는 차마 할 수 없는 짓을 저지른 사람이었다. 그러나 바리는 그런 것에 연연하지 않고 그 비정한 '아비'를 구하기 위해 머나먼 저승길을 떠난다.

앞에서 바리공주가 저승 가는 길에서 당했던 혹독한 고생의 구체적인 내용에 대해서는 언급하지 않았지만 그 강도는 필설로 다 할 수가 없을 정도이다. 그런 험난한 길을 자기 자신만의 이익을 위해 가는 것도 쉬운 일이 아닐 텐데 바리는 자기를 버린 아버지를 위해 갔던 것이다. 이 일은 고도의 희생정신이 있지 않으면 가능하지 않은 것이다. 바리의 이러한 태도는 끝끝내 자기를 받아들이지 않았을 뿐만 아니라 자기를 죽게 한 사람들을 위해 그들의 죄를 청산하고 죽음의 길을 택한 예수의 모습을 연상하게 한다. 두 사람 모두 자기를 내친 사람들을 위해 자신을 송두리째 바쳤으니 말이다.

한국 무교의 시조가 그렇다는 것은 한국 무교의 근본정신이 그러하다는 것을 보여주는 것이다. 그런데 이런 고귀한 덕목을 근원으로 하고 있는 종교를 미신이라고 매도한다면 그것이

백미(쌀) 기도 발원

도리어 이상한 것 아닐까? 게다가 바리는 여자이다. 그것도 버림받은 연약한 여자이다. 만일 무교가 미신에 불과하다면 바리같이 연약한 여자를 주인공으로 내세울 필요가 있었을까? 더 번듯하고 강한 신령을 내세워 그 위세를 뽐내는 게 더 낫지 않았을까? '우리 종교의 신령은 전지전능하고 무소부재 하다'라고 하면서 엄청난 권능을 가졌다고 부추겨도 추종자들이 따라올까 말까 하거늘 한국 무교에서는 가녀린 여성을 앞세웠다. 한국 무교는 당시 억눌린 여성들에 대해 짙은 동감을 갖고 동정의 의미에서 그 여성 가운데 가장 잘난 여성을 내세워 자기표현을 한 것이다. 이 신화에서는 "우리 조선 여성들이 비록 연약하지만 개인적인 한에 연연하지 않고 초개인적인 덕목을 실천함으로써 훌륭한 사람이 될 수 있다"라는 것을 보여준 것이다. 이처럼 한국 무교에는 보통 미신으로 분류되는 '저급한' 종교에서는 발견되지 않는 뛰어난 종교성이 있음을 알아차릴 수 있다.

무교의 신령은 잡령?

한국 무교를 미신으로 매도하는 마지막 근거를 보자. 그것은 이른바 '고등' 종교의 관점에서 볼 때 무당이 섬기는 신은 존재하지 않는다고 주장하는 것이다. 즉 무교는 허구(신령)에 기반한 미신이라는 것이다. 신은 야훼나 알라 정도는 되어야 실제로 존재하는 것이지, 제석신이나 관운장 신령 같은 게 존재한다고 할 수 있느냐는 것이다. 그런 무교의 신은 모두 사람들이 소원에 따라 만들어 낸 허구적 존재에 불과하다는 것이다.

이런 입장은 무교를 아예 기반에서부터 인정하지 않는 입장인 반면, 부분적으로 인정하는 입장도 있다. 예를 들어 한 걸음

제석신(왼쪽 첫번째)

물러서서 무교의 신령들이 존재하는 것을 인정은 하지만 그것들이 모두 잡령에 불과하다는 주장이다. 여기서 잡령이라는 것은 권능이 보잘것없어 인간에게 거의 도움이 되지 않거나 어떤 경우에는 오히려 해가 되는 영들을 말한다. 그러니까 존재하지도 않거나 혹은 잡령에 불과한 영들에게 간절하게 기도하고 많은 재물을 바치는 무교가 미신이 아니고 뭐냐는 것이다. 그뿐만 아니라 그런 영들에게 바치는 기도나 제물이 그들에게 전달되는지 아닌지도 전혀 알 수가 없다는 것이다.

무교에서 하는 기도의 내용과 형식도 문제이다. 무교를 신봉하는 사람들이 굿을 해서 복을 비는 범위를 보면 대부분이 자신, 아니면 범위가 넓어 봐야 자기 가족을 넘어서지 못한다. 이것은 순전히 자기 이해만을 위하는 구복 행위에 불과하다는 것이다. 그러니 이런 게 어떻게 고등한 종교가 될 수 있겠느냐는 것이다.

이상의 비판을 종합해 보면, 무교에는 공동체에 대한 배려가 없을 뿐만 아니라 역사의식도 없고 단지 개인을 위한 구복적인 요소밖에 없다는 것인데 이런 비판은 이른바 '고등' 종교인들이 주로 가하는 비판이다.

이 비판에 대해서는 나중에 본격적으로 다룰 것이지만 여기서 우선 말할 수 있는 것은, 이런 시각은 대단히 편향되고 편협하다는 것이다. 다른 표현으로 해서, 거대한 기성 종교의 입장에 서서 방외(方外)의 기층 종교를 자기들 시각에서 사정없이 재단(裁斷)했다고 할 수 있다. 나는 이것을 '종교 제국주의적인' 시각이라고 부른다. 과거에 제국(帝國)들이 피식민지 국가들을 마음대로 유린했듯이 큰 종교가 작은 종교들을 저등한 것으로 몰아치기 때문이다. 그런데 더 큰 문제는 이런 제국적인 시각에 함몰된 한국인들이 자기의 근본 신앙인 무교를 부정하고 있는 데에 있다.

 그래서 대부분의 한국인들은 지금까지 본 이유를 가지고 무교가 저급한 미신에 불과하다고 생각하고, 무당 종교인 무교는 자신과 아무 관계가 없다고 단언한다. 그러나 그들이 간과한 것은 이 무교가 역사적으로 한국인과 지극히 가까운 종교였고 지금도 한국인과 아주 밀접한 종교 현상이라는 것이다. 한국의 전통문화를 조선시대를 중심으로 보면, 상층부의 아주 얇은 유교적인 엘리트 선비 문화를 제외하고 다른 문화들은 결국 무교에 근거하고 있음을 알 수 있다. 이것은 어쩔 수 없는 것이 한국인의 근원 신앙이 무교이기 때문이다. 그리고 이 추세는 지금도 여전히 지속되고 있다. 이제 이 상황에 대해 보기로 하자.

II. 왜 한국은 무교의 나라인가?

한국인들이 인정하건 하지 않건 간에 한국은 무교가 정신적인 바탕이 된 나라라는 것이 필자가 오랫동안 주장해온 논지이다. 한·중·일 동북아 세 나라를 놓고 보면 이들 3국은 불교나 유교 같은 상층의 종교들을 공유하고 있음을 알 수 있다. 물론 이 두 종교가 역사적으로 전개된 양상을 보면 삼국에서 다소 다른 면을 발견할 수 있지만 그 큰 틀은 그다지 다르지 않다. 그런데 기층으로 내려가면서 살펴보면 이 삼국은 완전히 다른 종교 체계를 갖고 있음을 발견하게 된다.

한국 무교 약사

무교는 한국인의 근본 종교

한국인들이 인정하건 하지 않건 간에 한국은 무교가 정신적인 바탕이 된 나라라는 것이 필자가 오랫동안 주장해온 논지이다. 한·중·일 동북아 세 나라를 놓고 보면 이들 3국은 불교나 유교 같은 상층의 종교들을 공유하고 있음을 알 수 있다. 물론 이 두 종교가 역사적으로 전개된 양상을 보면 삼국에서 다소 다른 면을 발견할 수 있지만 그 큰 틀은 그다지 다르지 않다. 그런데 기층으로 내려가면서 살펴보면 이 삼국은 완전히 다른 종교 체계를 갖고 있음을 발견하게 된다.

이 양상을 중국부터 보면, 중국의 민중들이 가장 애호했던 종교는 말할 것도 없이 도교이다. 중국 전 지역에는 불교 사찰만큼이나 많은 도교 사원(道觀)들이 있고, 정일교(正一教)나 전진교(全眞教) 등과 같이 체제가 잘 잡혀 있는 많은 도교 교단들이 존재하며 이 교단 산하의 도교 사원들에는 많은 도사(道士)들이 있다. 그런가 하면 노자가 신격화된 태상노군(太上老君)과 중국 최고의 천신인 옥황상제를 비롯하여 수없이 많은 신들로 구성된 도교의 판테온(신전)이 구비되어 있고, 마지막으로 불교의 대장경을 흉내 내어 만들어 낸 방대한 규모의 도장경(道藏經)을 보유하고 있는 등 중국의 도교는 종교로서 확실한 체제를 갖추고 있다. 그리고 중국인들은 이러한 도교를 자신의 신앙으로 지금까지 열렬하게 신봉하고 있다. 20세기 후반에 중국에서 사회문제화 되었던 법륜공(法輪功)도 그 겉모습은 불교처럼 보이지만 사실은 도교적인 민간종교 운동이라 할 수 있다. 이처럼 도교에 대한 중국인들의 열성은 예나 지금이나 변함이 없다.

이에 비해 일본의 기층 종교는 말할 것도 없이 신도(神道)이다. 기층 종교라고 해서 이 종교가 상층과 관계없다는 것은 아니다. 일본은 이 신도가 상층이나 기층과 같은 계층과 관계없이 국민적인 종교로서 기능을 해 왔다고 할 수 있다. 이 사정은 일본인들의 일생을 보면 알 수 있다. 일본인 대부분은 계층을 막론하고 자식이 태어나면 자신의 가정이 신봉하고 있는 신사(神社)에 가서 신고식을 올린다. 출생 다음으로 중요한 일은 결혼하는 일인데 과거에는 신사 등지에서 결혼식을 했을 터이지만 지금은 호텔이나 교회(혹은 교회처럼 꾸며 놓은 곳) 같은 곳에서 서양식으로 식을 올린 다음 신사로 가서 다시 전통 방식으로 식을 올린다. 식을 한다기보다 신께 자신들의 결혼 소식을 고하는 것이다. 그렇게 살다 죽게 되면 절 옆에 있는 묘지에 묻힌다. 이것은 인간의 죽음 문제에 관한 한, 신도가 불교에 비해 해결 능력이 떨어지기 때문에 생긴 일일 것이다. 불교에는 윤회라는 교리도 있고 죽으면 내세로서 극락도 준비되어 있는 등 죽음을 극복할 수 있는 기제가 즐비하기 때문에, 일본인들은 죽음에 직면하면 전적으로 불교에 의존하게 되는 것이리라.

어떻든 이 정도만 보아도 우리는 일본인들에게 신도가 얼마나 중요한 종교인지 알 수 있다. 일본인에게 신도란 하나의 종교라기보다 매일매일 함께하는 생활의 일부라고 할 수 있다. 이 일본 신도 역시 나름의 종교적인 체제를 갖고 있다. 일본 전역에 수없이 분포하는 신사들, 그 신사의 수만큼이나 많은 신들, 신사들을 지키고 있는 사제들과 일상으로 신사들을 찾는 신도(信徒)들이 있으니 신도(神道)는 종교로서의 구색을 갖추고 있다. 다만 신도가 종교로서 결격이 될 수 있는 부분을 굳이 찾는다면 정리된 경전 체계가 없다는 것뿐이다. 그러나 아프리카 원주민들이 신봉하는 민속종교에 경전이 없다고 그것을 종교가 아니라고 하지 않듯이 신도에 경전 체계가 없는 것은 그리 문제가 되지 않는다.

그러면 한국 문화의 기층에 흐르는 고유 종교는 무엇일까? 지금까지 누누이 주장한 것처럼 무교가 그것이다. 이러한 동북아 삼국의 종교적인 현황을 도표로 그려 보면 다음과 같다.

	중국	한국	일본
보편 종교	유교 / 불교	유교 / 불교	유교 / 불교
특수 종교	도교	무교	신도

이 도표에 따르면 한국과 일본은 중국으로부터 종교를 다 받아들인 것 같지만 가장 중국적인 종교인 도교는 받아들이지 않은 것을 알 수 있다. 도교를 처음부터 전혀 받아들이지 않은 것은 아니지만 받아들여도 극히 부분적으로 받아들였고, 그마저도 자기네들의 민간신앙과 섞어 버렸다. 그래서 나중에는 중국적인 요소와 토착적인 요소를 구별하기 힘들게 된다. 이와 관

련해서 가장 비근한 예로 옥황상제를 들 수 있는데, 많은 한국인들은 어릴 때부터 수없이 들어온 민담을 통해 이 신이 토착적인 신으로 알고 있지만 이 옥황상제는 명백하게 중국 도교의 천신이다.

한국이나 일본이 중국에서 많은 것을 받아들이면서 가장 중국적인 종교인 도교를 받아들이지 않은 것은 양국에 이미 그 이전부터 토착 종교가 있었기 때문이다. 중국에서 도교가 맡아서 하는 기능을 한국에서는 무교가, 일본에서는 신도가 한 것이다. 도교와 무교, 그리고 신도는 세 나라의 가장 대표적인 민간신앙으로, 그 외양은 다르지만 작은 신들(lesser gods)을 신봉해서 재물과 건강 같은 세속적인 행복을 기구(祈求)한다는 점에서 그 속성이 같다고 하겠다.

그런데 문제는 동북아 3국 가운데 중국이나 일본은 자기들의 기층 종교를 인정하고 양성화한 반면, 한국은 철저하게 그것을 무시하고 미신으로 매도하여 결과적으로 음성적 문화로 만들었다는 데에 있다. 한국인들은 자신의 본성의 주요 부분을 구성하는 전통을 자신의 눈으로 보지 못하고 무교의 현재 모습이 마음에 들지 않는다고 자신들의 뿌리를 무시한 것이다. 자신들의 정신적인 뿌리를 외국에서 들어온 종교(불교, 유교, 기독교)의 관점에서 스스로 폄하한 것이다. 이 무교가 한국인의 영원한 기층 종교라는 데에는 충분한 자료를 제시할 수 있으니 이제 이 주제에 대해 집중적으로 보려 한다.

한국 무교 약사와 그 전개 양상

한국 문명의 시조를 이룬 단군이 무당이었다는 이야기는 이제는 잘 알려진 진부한 설이 되었다. '당시의 사회가 제정일치 사회였기 때문에 제사장이 족장이었다'라느니 하는 이야기는 식상하다는 것이다. 하기야 이것은 인류사에서 어느 사회든 청동기 시대로 들어가면 같은 상황이기 때문에 한국에만 국한되는 것은 아니다. 부여나 고구려의 상황은 잘 모르지만 신라의 경우는 그 지배층이 무교와 직결되어 있어 우리의 시선을 끈다. 신라의 시조인 박혁거세는 무당이라고 명시되어 있지는 않지만 심증적으로는 무당일 것이라는 증거가 있다. 『삼국유사』에 의하면, 박혁거세가 죽은 뒤 그의 몸이 하늘로 올라갔다가 다섯 개로 나뉘어 떨어졌다고 하는데, 이것은 시베리아 샤먼들의 신병 체험을 상기시킨다. 시베리아의 샤먼들 역시 신병을 겪을 때 상상 속에서 자신의 몸이 분해되는, 강렬하면서도 극히 고통스러운 체험을 하는데 이것과 박혁거세의 그것은 비슷한 맥락에서 이해될 수 있다.

이에 비해 그의 아들인 남해 차차웅은 김부식이 『삼국사기』에서 명확하게 무당이라고 명시했다. 잘 알려진 것처럼 '차차웅(次次雄)'이 신라 말로 무당을 뜻한다고 한 것이 그것이다. 차차웅은 또 자충(慈充)이라고도 했다는데 여기서 무슨 한자를 썼는가는 그다지 문제가 되지 않는다. 현재로서는 차차웅이나 자충이 정확히 무엇을 뜻하는지 모르는데, 자충이 현대에서 불교 승려를 지칭할 때 쓰는 '중'이라는 말의 뿌리라고 주장하는 학자도 있다.

차차웅 이야기는 여기서 끝나지 않고 그가 여동생에게 시조묘에서 제를 지내게 했다는 기록이 나온다. 묘에서 제사를 지내는 일을 하는 사람은 곧 사제라고 할 수 있으니 여동생 역시 무당 혹은 그와 비슷한 부류의 사람이었다는 것을 알 수 있다. 그런가 하면 학자에 따라서는 신라의 지배자들이 무당이었을 것이라고 주장하며, 그 증거 자료로 그들이 쓴 왕관을 제시하는 경우도 있다. 지금까지는 신라의 금관을 무교와 연관해 설명하는 설이 지배적인데 이에 대한 반론도 만만치 않다. 이 반론은 상당한 일리를 갖고 있는 터라 여기서 소개하려고 한다.

우선 종래의 설을 먼저 보기로 하자.

신라 금관과 무교

정수일 교수에 따르면 인류가 현재 보유하고 있는 고대 금관은 12개에 달한다고 하는데, 그중의 반 이상이 신라 것이라고 한다. 특히 신라 금관은 아름다움의 면에서 다른 금관의 추종을 불허하는데, 이 시점에서 우리의 시선을 끄는 것은 금관의 미적인 면보다 디자인이다. 신라 금관의 앞부분은 한자의 출(出) 자를 닮은 나무의 형태로 되어 있고 뒷부분은 사슴의 뿔을 닮은 장식으로 되어 있다. 우선 앞부분부터 보면, 한국 고대 문화에 정통한 미국 출신의 미술사학자 코벨은 이 나무가 시베리아 무당들이 신목으로 간주한 자작나무라고 주장하고 있다. 자작나무는 시베리아 지방에 흔한 나무라고 하는데, 그는 신라 금관에 있는 나뭇가지가 7개인 것에 주목했다. 왜 가지가 7개로 되어 있을까?

다시 코벨에 의하면 시베리아 샤먼들은 하늘을 7층으로 나누는데 금관의 나뭇가지가 7개인 것은 바로 이것을 표상화한 것이라는 것이다. 그리고 더 나아가서 이것은 샤먼들이 이 7

신라 금관 ⓒ국립박물관

층의 하늘 중에서도 가장 높은 하늘에서 왔다는 것을 암시하는 것이고, 이것을 자신들이 쓰는 관으로 표현하였다는 것이다. 코벨은 더 나아가서 백제 왕이 일본 왕에게 하사해 그들 왕실의 신기(神器)가 된 칠지도(七支刀)도 같은 맥락에서 이해할 수 있다고 주장했다. '7'이라는 숫자가 '가장 높은 것'을 뜻하는 것이라 왕과 관련된 데에는 이처럼 '7'이라는 숫자를 응용하여 디자인한 것이라는 것이다.

코벨의 관찰력은 놀라웠다. 그는 현대 한국 무당들이 굿을 하는 현장에서 이 자작나무의 흔적을 발견해냈다. 굿판 한쪽 편에 창호지를 오려 자작나무를 모상화한 전지(剪紙)를 발견한 것이다. 한국의 무교가 시베리아로부터 전해온 지가 수천 년이 넘었건만 아직도 편린이 남아 있는 것이다. 이를 통해 한국 무교의 기원이 시베리아라는 게 부분적으로나마 밝혀질 수 있다.

사슴에 관한 이야기는 설명할 게 그리 많지 않다. 사슴 혹은 순록이 천계와 인간계를 연결해 주는 메신저 역할을 한다는 것은 잘 알려진 사실이다. 그들은 인간의 말을 직접 신령들께 전달해 주기도 하고 무당은 상상 속에서 이 짐승을 타고 신계로 가기도 한다. 그래서 만주나 시베리아 지방의 무당들은 사슴뿔로 만든 관을 쓴다. 이 사슴에 관한 믿음은 신라 이후 조선조까지도 남아 있는 것을 알 수 있다. 김홍도의 그림에 〈선동취적도(仙童吹笛圖)〉라는 것이 있다. 이 그림에서는 어린 신선이 피리를 불고 있는데 그 뒤에는 사슴이 그려져 있다. 김홍도 역시 사슴을 선계와 연결되어 있는 동물이라고 생각한 것이다. 이와 같이 무교와 관계된 요소들은 시대를 타고 면면히 최근까지 전승되어 내려왔다.

이상이 신라 금관이 무교와 모종의 관계가 있을 것이라고 추정하는 학자들의 이론이다. 지금까지는 이 설이 학계에 지배

김홍도의 〈선동취적도〉(1779년) ⓒ국립중앙박물관

적이었지만 이 설에 반대해서 그 이후에 대두된 이론은 나름대로 탄탄한 토대를 갖고 있다. 이 이론을 주장한 학자 중에 대표적인 사람은 임재해 교수로, 저서인 『신라 금관의 기원을 밝힌다』(지식산업사, 2008)에서 조목조목 위의 설을 비판하고 있다. 그의 주장 가운데 이 문제와 관계 있는 내용만 간단히 살펴보기로 하자.

이 설에서 가장 설득력 있는 주장은, 금관과 닮았다고 하는 시베리아 샤먼의 관은 18~19세기라는 극히 최근에 만들어진 것이라 5~6세기에 만들어진 금관과 비교하는 것은 어불성설이라는 것이다. 즉 비교하려면 같은 시대에 만들어진 것을 가지고 해야 된다는 것이다. 이것은 매우 타당한 이야기로 생각된다. 그리고 이 금관을 사용한 시대에 신라는 이미 국가 체제를 갖추고 있을 때인데 아직 국가 체제가 잡히지 않은 시베리아 지방의 샤먼이 이용한 모자를 쓸 이유가 없다는 이유도 제시한다. 당시에 농경 시대에 들어가 있던 신라가 유목 사회인 시베리아보다 문화가 더 발전해 있었을 터인데 문화가 아직 미숙한 북쪽 지방의 관습을 따라갈 리가 없다는 것이 그의 주장이다. 이런 관점에서 보면 신라의 문화가 북쪽 지방에서 왔다고 보기보다는 오히려 신라 문화가 북쪽 지방으로 흘러간 것으로 보는 것이 더 타당하다는 것이다. 왜냐하면 문화는 높은 데에서 낮은 곳으로 흐르기 때문에 이렇게 추론하는 것이 합리적이라는 것이다.

그러면 이 금관의 형태는 무엇을 형상화한 것일까? 임 교수의 주장은 금관의 앞에 있는 나무 문양은 시베리아의 나무를 본뜬 것이 아니라 김 씨 왕가의 시조인 김알지가 태어난 계림의 나무를 본뜬 것이라는 것이다. 금관은 미추왕이나 내물왕처럼 초기의 김 씨 왕들의 무덤에서만 나오는데, 이것은 그들이 자신들의 시조인 김알지를 신격화하기 위해 신비한 숲인 계림의 나무를 금관에 모티프로 차용한 데에서 기인한다는 것이다. 김 씨가 석 씨나 박 씨를 제치고 새로 왕이 되면서 자신들의 가계를 뽐내기 위해 이렇게 관을 성대하게 만들었다는 것이다. 그리고 이 나뭇가지에 붙어있는 금딱지들은 문자 그대로 나뭇잎을 형상화한 것이고 뒤에 있는 사슴뿔 모습이라고 한 부분도 사슴뿔이 아니라 다른 형태의 나무라는 것이다. 그렇게 생각하고 보면 이 부분은 실제로 사슴뿔보다는 나뭇가지처럼 보인다. 그리고 어떤 금관에는 나뭇가지 끝에 새를 앉혀 놓았는데 이것은 바로 계림에 있던 닭의 모습이라는 것이 그의 주장이다.

이 이외에도 신라 왕관은 대단한 세공 기술을 보이는데 그런 기술을 가진 신라가 왜 굳이 일천한 기술로 만든 시베리아 샤먼의 관을 모방했겠느냐는 것도 주된 논지 중의 하나이다. 정설처럼 되어 있는 앞의 이론은 문화전파론에 기반을 두고 있는데 굳이 문화전파론 입장에 선다면 시베리아 문화가 신라로 온 것이 아니라 기술이 월등한 신라에서 기술력이 떨어지는 시베리아로 전파됐다고 보는 게 타당하지 않겠느냐는 것도 그의 의견이다. 그 이유는 말할 것도 없이 문화는 주변부로 갈수록 그 정밀함이나 기술력이 떨어지기 때문이다. 이 두 가지 설 중 어떤 설이 타당한가는 아직 결정되지 않았지만 논리적인 면에서 뒤의 설이 더 설득력이 있는 게 사실이다.

신라 이후의 무교 이야기

금관 이야기는 이것으로 마치고, 다시 우리의 주제로 돌아가자. 무교와 신라 문화가 관계된 항목 가운데 화랑이나 처용을 무교와 관련지어 설명하는 학자들이 있지만, 어떤 것도 확실하게 밝혀진 것은 없다. 예를 들어 처용이 역신을 쫓아냈다는 의미에서 남자 무당일 것이라고 추측하는 것 등이 그것인데, 이는 단지 하나의 설에 불과할 뿐 정확한 것은 알 수 없다. 그 이

외에는 워낙 자료가 없는 관계로 신라 대의 무교에 관한 것은 알려진 것이 별로 없다.

고려로 내려오면 서서히 무당을 억압하는 기사가 나오기 시작한다. 즉 무당들이 굿 하는 것을 금하거나 그들을 도성에서 쫓아낸 기록이 발견되기 시작하는데, 이것은 유학자들이 서서히 정치 전면에 나서면서 생긴 현상일 것이다. 유학자들의 눈에는 음사(淫祀)로 통칭되는 무교가 곱게 보일 리가 없었을 것이다. 유교는 교조인 공자가 괴력난신(怪力亂神)을 극력 꺼렸기 때문에 괴이하거나 귀신과 관계된 무교는 주적 대상 1호로 보였을 것이 틀림없다. 그러나 고려시대는 아직 주자학이 발흥되기 전일 뿐만 아니라 국교로도 자리 잡지 않았기 때문에 무교를 전방위적으로 압박하지는 않았다. 고려 때에는 귀족의 딸도 무당이 된 경우가 있었다고 하는데 심지어 좌정승의 딸이 무당이 되었다는 기록이 있다. 귀족 출신의 무당이 적지 않은 탓이었는지 그들을 부르는 호칭(선관, 仙官)까지 생길 지경이었다고 한다.

이처럼 고려조에도 어김없이 무교가 성행한 것으로 보이는데 이런 현상을 직접 기술한 것이 잘 발견되지는 않지만 편린적인 기록을 통해 미루어 짐작할 수 있다. 예를 들어 인종 때

궁궐에서 기우제를 지내는데 무당 300명이 동원되었다는 기록이 있다. 그리고 이 무당들이 궐내의 행사가 끝난 뒤 저잣거리로 나가 다시 기우제를 지냈다고 하는데, 무당의 숫자가 300명이라면 엄청난 규모인 것을 알 수 있다. 한 번에 이 정도의 숫자가 동원될 수 있었다는 것은 이보다 몇 배는 많은 숫자의 무당이 저자에 있었을 것으로 추정할 수 있으니 그 정황을 미루어 짐작할 수 있을 것이다.

그런데 고려 때 무교가 성행했다는 자료는 엉뚱한 데에서 발견된다. 고려의 유명한 재상이었던 이규보가 쓴 『동국이상국집』('동국, 즉 고려의 이씨 성을 가진 재상의 문집'이라는 뜻)의 한 장(章)인 「노무(老巫)」 편에서 그런 상황이 감지된다. 그가 이 장을 쓴 것은 고려의 무교를 소개하기 위한 것이 아니라 당시에 남녀노소할 것 없이 너무 많은 사람들이 무당집을 찾는 것을 개탄한 나머지 그 세태를 꼬집기 위한 것이었다. 그래서 엉뚱하다는 것이다. 당시 그는 무당집 앞에 널려 있는 신발들이 너무 많은 것을 발견하고 그게 마음에 들지 않아 그 광경을 글로 남긴 것이다. 얼마나 많은 사람들이 무당집을 찾았으면 재상의 글에까지 그런 이야기가 나왔는지 당시의 상황이 눈에 보이는 듯하다.

그런데 여기서 재미있는 것은 이규보가 묘사한 무당의 굿 장면이 지금과 그리 다르지 않다는 것이다. 모시는 신의 이름은 지금과 다르지만 개개 장면은 지금의 황해도 굿과 일치하는 점이 많다는 것이 전문가들의 견해이다. 특히 이규보가 무당이 춤추는 모습을 묘사한 것을 보면, 그 머리가 대들보에 닿을 정도로 도약을 높게 한다는 대목이 나오는데 이것은 현재의 무당이 추는 도약춤과 다를 바가 없다. 아무튼 이 기록을 통해 우리는 고려에서도 한국인들이 무교에 대해 갖는 열정이 조금도 식지 않았음을 알 수 있다.

무교가 본격적으로 억압받은 것은 역시 조선조의 일이었다. 유학, 그중에서도 성리학이 국시가 된 조선조가 무교를 가만히 놓아둘 리가 없었다. 성리학은 말 그대로 이학(理學), 즉 원리 혹은 합리, 규율 등을 유독 강조한 가르침이라, 합리와는 관계가 먼 지극히 감정적인 무교는 성리학자들의 눈에는 아주 저등한 종교로 보였을 것이다. 게다가 유학자 중에서도 남성 중심적인 경향이 유독 강한 주자가 집대성한 성리학의 입장에서 볼 때 남성보다 한참 저등한 여성이 중심 역할을 하는 무교는 가능한 한 빨리 제거해야 할 대상으로 보였을 것이다. 우리는 현재 무교를 무속이라고 부르고 있는데 이것은 조선조의 유학자들이 만든 용어라는 것이 전문가들의 견해이다. 무속이라는 것은 '무의 습속'을 뜻할 수도 있겠지만 그보다는 저속하다는 의미에서 '속' 자를 쓴 것이라고 보는 것이 타당하다고 한다. 이때 주지하다시피 무교와 더불어 불교도 심한 박해를 받았는데 큰 교단을 형성하고 있던 불교가 박해받는 마당에 무교는 그야말로 '아침 해장거리'도 안 되는 존재였는지도 모른다.

조선조 때에는 무교를 탄압하기 위해 여러 방안이 강구되었다. 우선 불교 승려와 더불어 무당은 천민 계급으로 강등되고 도성 출입이 금지된다. 고려 때에 귀족 계급에 속해 있던 승려들이 천민으로 떨어지는 마당에 '무당 따위'들에 대해서는 위정자들의 입장에서 어떠한 배려도 할 생각이 없었을 것이다. 그런데 재미있는 것은 무당들을 도성에서 쫓아냈다는 기사가 쉬지 않고 보인다는 것이다. 이것은 그만큼 도성 안으로부터 무당에 대한 수요가 계속해서 있었다는 것을 의미한다. 그래서인지 무당들은 왕십리나 구파발같이 도성 바로 바깥에 자기네들의 근거지를 마련했다. 굿을 할 필요가 있으면 성내로 들어갔다가 일을 마치면 단속을 피해 곧 밖으로 나오기 위해 그런 곳에 근거지를 마련한 것이 아닐까 하는 생각이다.

그런데 사실은 일반 국민만 무당을 필요로 했던 것은 아니다. 나라에서도 무당을 필요로 하는 경우가 있었다. 상대적으로 볼 때 유교는 종교적인 기능이 약하기 때문에 기우제 같은 종교적 의례를 행할 때는 어쩔 수 없이 사제로서 기능할 수 있는 무당이 필요했다. 그런가 하면 당시에는 병이 삿된 영에 의해 생긴다고 생각해 병을 치료할 때도 무당에게 퇴마하는 일을 맡겼다. 이를 위해 조선 정부는 성수청(星宿廳)과 활인서(活人署) 같은 기관에 무당을 소속시켜 각각 제사를 관장하게 하고 병자를 치유하도록 했다. 『조선왕조실록』을 보면 지방에 전염병이 돌면 무당을 파견했다는 기록이 심심치 않게 나온다. 조선의 왕 중에 가장 뛰어난 세종조에도 이런 기록이 보이는데 조선 정부가 이처럼 이중적인 정책을 쓴 것은 주술적인 사고를 벗어나지 못한 전근대적인 사회에서는 어쩔 수 없는 일이었는지도 모른다.

심지어 중국에 사신을 보낼 때도 그 장도의 안전을 기원하면서 정부의 주관하에 굿을 했다고 하니 성리학으로 무장된 관리들도 샤먼의 주술적인 힘이 필요했던 모양이다. 이런 과정에서 생긴 것이 사신당(使臣堂)인데 이 굿당은 이름 자체가 사신을 염두에 두고 만들어진 것이라는 것을 알 수 있다. 사신당은 도성 인근에서는 남산에 있던 국사당(國祀堂, 혹은 國師堂) 다음으로 유명한 굿당이었다. 사신당은 원래 독립문 사거리를 지나 무악재를 넘어가면 바로 왼쪽 길가에 있었다. 따라서 중국으로 가는 사신들은 서대문을 나와 좁은 무악재 길을 넘어 이 앞을 지나가야 했다.

그곳에 전해지는 이야기에 의하면 중국으로 가는 사신이 사신당을 방문해서 이곳에 모셔져 있는 신들에게 고하지 않으면 말이 발을 떼지 못했다고 한다. 이 이야기가 사실인지 아닌지는 판단할 수 없지만 적어도 민간에서는 이 굿당을 아주 영험한 곳으로 생각하고 있었다는 것을 알 수 있다. 그리고 '양반, 너희들이 아무리 잘나 봐야 우리 신령님들 앞에서는 꼼짝 못한다'라는 민중들의 야유가 들리는 듯하다.

그렇게 영험한 굿당이었는데 박정희 정권 때 길가에 있던 굿당을 산 위쪽으로 강제 이전시켰다. 이 사건과 관련해서 들리는 이야기의 전모는 이렇다. 박정희가 그곳을 지나가다 길가에 있던 사신당을 목격했던 모양이다. 그 집이 무당이 굿하는 곳이라는 것을 보고 받은 박정희는 아마 마뜩찮은 표정을 지으면서 '저 집을 정리하라'와 같은 언사를 했을 것 같다. 조국 근대화와 새마을 운동의 이념에 함몰되어 있던 박정희의 안중에 전근대적인 것의 대표적인 상징인 '무속'은 제거 대상 1호였을 것이기 때문이다. 그 결과 아무 힘없는 사신당은 헐려서 산 위쪽

굿당의 신목

으로 '이전 당하게' 된다. 박정희는 이렇게 무교에만 철퇴를 가한 것이 아니다. 한국인의 민속신앙 가운데 중심을 차지하고 있다고 볼 수 있는 마을 신앙을 '새마을 운동'의 기치로 깔아뭉갠 장본인도 바로 그였다. 새마을 노래에 나오는 것처럼 마을 길을 넓히면서 서낭당도 없애고 장승도 불태워 버렸다. 그렇게 탄압을 받자 마을 신앙은 많이 사라질 수밖에 없었다. 그러나 한국이 경제 개발에 성공하면서 재정 형편이 나아지자 한국인들은 과거의 것을 찾기 시작했다. 그 결과 과거의 많은 관습 및 유물이 복원되었는데 불행하게도 사신당에는 이 노력이 적용되지 않았다. 지금은 이 사신당이 아예 없어졌기 때문이다.

내가 사신당에 처음 간 것은 이 굿당이 무악재에 있을 때였다. 그리고 몇 년 뒤에 어떤 미국 교수와 사신당에 답사 갈 일이 있어 가보았더니 이번에는 구파발로 이전해 있었다. 그때 다 쓰러져 가는 집에서 굿을 하던 모습이 아직도 눈에 선하다. 다시 몇 년이 지나서 사신당을 찾았는데 이번에도 또 이전해서 당시 한창 공사 중이던 은평 뉴타운 단지 구석에 초라하게 자리만 지키고 있었다. 그 모습은 흡사 다 꺼져 가는 촛불 같았다. 그 뒤로 얼마 안 지나서 마지막으로 소식을 들어 보니 기어이 사신당이 없어졌다는 후문이었다. 한쪽은 뉴타운으로 초현

민족 신앙 의례인 '금성당제' 중 유교 제례 모습

대적으로 개발되고 있는데 한쪽 구석에는 '구질구질한' 미신소 (迷信所)가 있으니 개발업자든 주민이든 이 전근대적인 요소를 가만 보고 있을 수가 없었을 것이다. 예의 한국인들이 자신들의 민속신앙 알기를 이렇게 내다 버린 쓰레기처럼 생각하는 것 같아 다시 한번 씁쓸해진다. 이 사신당에는 아주 좋은 무신도 (巫神圖)가 있었는데 그것들조차 지금은 종적이 묘연하다. 내가 사신당에 마지막으로 갔을 때 보니 좋은 그림도 있었지만 어떤 그림은 위에 아무렇게나 덧칠이 되어 있는 등 보존 상태가 영

'금성당'은 유일한 국가 지정 신당으로, 국가민속문화재 제258호로 지정되었다.
ⓒ은평구

망이었다. 그러나 이 모든 것들이 지금은 하나도 없다. 이렇게 해서 사신당과 그 무신도와 같은 우리 민속의 한 중심이 속절없이 날아갔다. 이 뉴타운 근처인 은평구 진관동에 2016년 '샤머니즘 박물관'이 이전해 터를 잡고 있는데 현재 한국에 있는 무교 관련 박물관 가운데 최고라 할 수 있다.

무교의 현재

무교의 종교사회학적인 의미

다른 왕조에서도 마찬가지지만 조선조에 극심한 핍박 속에서도 무교가 살아남을 수 있었던 것은 여성들에게는 이 무교가 절대적인 의지처였기 때문이다. 성리학으로 무장한 조선 지배층 남성들은 종교 이데올로기적으로 여성들을 배제했기 때문에 여성들은 무교를 그들의 중심 종교로 삼아 종교적 욕구를 채우지 않을 수 없었다. 굿판이라는 것은 대단히 재미있는 장(場)이다. 사제도 여자이고 신도도 여자 일색이기 때문이다. 남자가 있다면 악사나 무거운 것을 들어주는 짐꾼 정도나 있었을까. 어떤 종교 의례가 이처럼 여성들에 의해 몽땅 점유되어 버린 경우는 전 세계적으로도 드물게 보는 모습일 것이다.

필자는 2009년 7월 큰 굿판을 참관할 수 있었는데, 그 굿은 한양굿, 그중에서도 사령제인 새남굿으로 인간문화재 기능을 하고 있었던 김유감 씨가 타계해 그를 위해 하는 굿이었다. 이 굿은 남산 한옥마을에서 이틀에 걸쳐서 행해졌는데 굿을 오랜만에 접해 보면서 다시금 굿이라는 종교 의례는 분명 여성들의 전유물이라는 사실을 확인할 수 있었다. 굿이 벌어지는 한옥 안채는 예복 기능을 하는 하얀 한복으로 성장을 한 만신들로 북새통을 이루었다. 그 광경을 보면서 어떻게 여성들로만 이루어진 사회 저변의 종교 의례가 수천 년 동안 지속되었을까 하는 경이감마저 생겨났다. 실세였던 남성이나 그들이 만든 제도로부터 아무 후원도 받지 못한 민간 의례가 핍박 속에서 꿋꿋이 살아남았다는 것이 대견하게 보인 것이다. 그날 굿이 행해지던 가옥은 조선의 마지막 부마(철종의 사위)였던 박영효의 고가였는데, 한말의 대표적인 귀족이자 이씨 왕가의 일원이었던 박영효가 자신의 집에서 굿판이 벌어질 거라고 상상이나 했을까 하는 부질없는 생각도 스쳤다.

민간이 주체가 되어 있다는 의미에서 같은 맥락에 있는 판소리가 오늘날 세계적인 예술로 발전할 수 있었던 것은 양반들의 전폭적인 후원과 지지 덕분이었다. 판소리꾼들에게는 양반에게 발탁되어 그들의 후원을 받는 것이 최대의 소원이었다. 그렇게 되면 부와 명예를 거머쥘 수 있기 때문이다. 그래서 그들은 죽기 살기로 자신의 기량을 닦았다. 그러나 굿은 사회의 기성 세력과 별 관계가 없는 기층의 여성들의 지지에 의해서 오랫동안 지탱되어 왔다. 그래서 대단하다는 것이다. 물론 상층 여성들의 관심이 없었던 것은 아니었지만 이 굿에서만큼은 그들이 주류가 되지는 못했다.

미국에서 인류학적으로 한국의 무교를 연구하기로는 로랄 켄들(Laural Kendall)이라는 여성 인류학자가 처음인데, 그가 한국 무교를 연구하게 된 배경도 이와 무관하지 않다. 그는 한국에 평화봉사단으로 왔다가 무교를 만나게 되는데, 그 첫인상이 매우 충격적이었던 모양이다. 자신이 미국에서 들은 바에 의하면 한국은 가부장제가 지독하게 강한 유교 국가라 여성이 여지없이 억압만 받는 나라로 알았는데, 정작 와서 보니 여성이 주도하고 남자들은 얼씬도 못하는 '굿'이라는 종교 의례가 있었던 것이다. 그에게는 이게 아주 신기하게 보였던 모양이다. 그래서 귀국 후에 인류학과에 입학해 한국 무교를 주제로 박사 논문을 썼고 그것을 단행본으로 출간하기도 했다. 이렇듯 한국의 무교와 무당에는 다른 나라에서는 보기 힘든 독특한 요소가 있다.

조선의 무교는 남성적인 유교가 해소하지 못하는 것을 메워주기 때문에 여성 우호적인 성향을 띤다. 그런 까닭이겠지만 굿판은 한마디로 여성들을 위한 장이자 해방공간이라고 할 수 있다. 굿판에서만큼은 일상적으로 허용되지 않는 것이 가능하기 때문이다. 금기가 풀리는 것이다. 예를 들어 조선조 때 여성들이 시집을 오면 친정 부모에 대한 제사는 용인되지 않았다. 가부장제 사회에서는 여성을 시가에 전적으로 예속시키기 때문에 여성과 관계되는 것은 대부분 억눌리고 그 권리가 박탈당했다. 그러나 그렇게 엄중한 가부장제에서도 굿은 예외였다. 주부(며느리/딸)가 죽은 자기 친정부모를 위해 오구굿만큼은 할 수 있었기 때문이다. 그에 대해서는 남자들도 무어라고 하지 않았다. 생각컨대 굿만이 조선조의 여성들이 친정 부모를 위해 할 수 있는 의례였는지 모른다.

그런가 하면 굿판 자체가 일정한 해방의 장 역할을 하기도 했다. 가부장제의 피해자인 여성들은 자신이 피해자이면서 동시에 가해자였다. 가해의 대표적인 경우는 시어머니가 며느리에 대해 행한 것이라 하겠다. 시어머니는 며느리가 숨 쉬는 것까지도 지청구를 할 정도로 시시콜콜 간섭했다. 자신도 피해

새남굿에 차려진 재물들

자였는데 어느새 가해자가 되어 또 다른 피해자를 만드는 것이다. 물론 본인은 자신이 지독히 혐오했던 가부장제를 충실히 따르는지도 모르면서 그렇게 하는 것이다. 그래서 며느리는 시어머니 앞에서는 어떤 개인적인 행동도 할 수 없었다. 그러나 굿판은 예외였다. 이 해방의 공간 안에서는 며느리가 시어미 보는 앞에서 춤까지 출 수 있었던 것이다. 평소에는 얼굴도 들지 못하던 며느리가 굿판에서는 자기 자신의 감정 표현을 하는 것이다. 그래서 시어머니가 하는 말 가운데 "며느리 춤추는 꼴

보기 싫어 굿 못 하겠다"라는 표현이 나온 것이리라.

앞에서 잠시 언급한 것이지만 유교가 감당하지 못하는 것 중에 무교가 담당하는 것을 보면 아무래도 인간의 죽음과 관계된 것이 많다. 유교는 세계 종교 가운데 죽음 문제에 관한 한 매우 취약한 종교로 꼽힌다. 유교가 죽음 문제에 취약한 것은 내세를 인정하지 않는 유교의 교리 때문일 것이다. 그런 까닭에 인간의 죽음 문제, 즉 죽음의 공포 극복이나 사후관과 관련해서 유교가 제공할 수 있는 것은 제사밖에 없을 정도로 빈약하기 짝이 없다. 그리스도교나 불교처럼 인간의 죽음에 관해서 풍부한 교리가 있는 것도 아니고 잘 발달된 제의가 있는 것도 아니다. 그런데 그나마 있는 제사 역시 그 관장하는 범위가 너무 제한되어 있어 많은 문제가 발견된다.

유교 사회에서 주부가 제사를 지낼 수 있는 대상을 보면, 우선 남편 집안사람이어야 하고 동시에 남자이면서 결혼한 사람뿐이었다. 그러나 이런 사람만 죽는 것이 아닌 것은 말할 필요도 없다. 아이들도 죽을 수 있고 결혼하지 못한 딸(그리고 아들)도 죽을 수 있다. 이런 사람들은 유교 사회에서는 주변인이라 할수 있다. 이런 부류의 사람이 죽었을 때 유교에서 해줄 수 있는 게 과연 무엇이었을까?

유교 교리의 입장에서 해줄 수 있는 일이 거의 없었기에 조선 사람들은 이런 사람들의 죽음에 대해 그저 무시하거나 애써 외면하는 태도를 보였다. 그런데 사랑하는 자식을 잃은 슬픔을 어찌 무시와 외면으로 극복할 수 있을까? 조선조에 이런 영혼들을 잃은 부모의 슬픔을 달래기 위해 할 수 있는 의례는 굿밖에 없었다. 무당이 나서서 이 갈가리 찢어진 부모의 마음을 보듬어 주어야 했다. 무교가 여성과 같은 사회 주변인에 의해 지탱되었던 만큼 무교는 이러한 주변인 속으로 깊숙이 파고 들었던 것이다. 조선에서 무교가 보전되어 내려올 수 있었던 데에는 이런 속사정이 있었다.

근대의 무교

사정이 이러하니 엄격한 유교 근본주의 국가였던 조선조에도 무풍(巫風)이 전혀 사그라지지 않았다. 그런 양상은 많은 유학자들의 기록에서도 확인할 수 있다. 예를 들어 조선 후기에 실학자로 명성이 자자했던 이익이 자신의 저서 『성호사설』에서 "임금이 거처하는 곳에서부터 주읍까지 모두 주무(主巫)가 있어 마음대로 출입하니 민풍은 여전하다."라고 한 것은 그 대표적인 예라고 하겠다. 이것은 당시 조선에는 도성부터 작은 마을까지 무당이 없는 곳이 없었다는 말이다. 이는 조선에 들어와 새삼스럽게 생긴 현상이 아니다. 조금 과장해서 말하면 단군 이래로 한반도 전역은 항상 이런 상황이었을 것이다. 그러니까 단군 이래로 한국은 웬만한 마을에 무당이 있었다는 것이다. 그만큼 한국인들은 무교와 가깝게 지냈다.

조선 후기나 일제 시기에 무당이 얼마나 많았는가를 무세(巫稅) 등의 징수 현황을 통해 미루어 계산한 일본인 학자가 있었다. 무라야마 지준(村山智順)이 그 사람으로, 그는 순조 때 무당의 숫자를 5천 명으로 추산했다. 이것은 1000만 이상 1500만 미만으로 추산되는 당시의 인구 규모를 생각해 보면 대단한 숫자라고 할 수 있다. 조선 후기의 사정을 보면, 통신 시설도 제대로 되어 있지 않았을 뿐만 아니라 무당들에게 아무 조직이 없었음에도 불구하고 당시에 이 정도의 무당이 있었다는 것은 놀랄 만한 일이라고 하지 않을 수 없다. 이익이 말한 것처럼 읍이나 마을마다 무당이 있지 않으면 이 정도의 숫자는 가능하지 않은 것이다.

뒤이어 무라야마는 1930년대의 무당을 1만 2,380명으로 추산했는데 이 숫자 역시 당시 인구를 대략 2천만으로 잡았을 때 상당한 숫자라고 할 수 있다. 앞에서 말한 것처럼 무당에게 탄탄한 조직이나 무당을 기르는 학교가 있는 것도 아니었고 무당들에게 구속력을 부여할 수 있는 어떤 얼개도 없었는데 100년 만에 2.5배가 늘어난 것이다. 그야말로 자생적으로 늘어난 것이다. 아마도 인구가 늘고 경제적 사정이 좋아지면서 무당에 대한 수요도 더 늘어난 것 아닌가 하는 생각이 든다.

일제 때도 어김없이 무당에 대한 탄압이 있었지만 수천 년을 내려온 무교가 그리 쉽게 사그라질 리가 없었다. 게다가 무당들의 활동은 개인적으로 이루어졌기 때문에 탄압하는 데에 한계가 있을 수밖에 없었다. 무당들에게 조직이 있었다면 그 조직만 와해시킴으로써 무당을 효율적으로 '박멸'할 수 있지만, 한반도 전역에서 점조직처럼 개별적으로 활약하는 그 많은 무당들을 철저하게 소멸하는 일은 애당초 불가능한 일이었다.

해방된 다음에 비록 종교의 자유는 보장되었지만 무당들에게 좋은 시절이 바로 오지는 않았다. 그리스도교나 서양 세력의 쓰나미 같은 유입과 이른바 '조국 근대화'의 물결에 휩쓸려 무교는 여전히 천덕꾸러기 신세를 면치 못했다. 특히 앞에서 본 것처럼 박정희가 생각하는 근대화 개념에는 무교를 위한 공간이란 존재하지 않았다. 박정희에게 무교는 미신의 대명사일 뿐이었을 것이다. 아예 처음부터 무교 같은 저급한 신앙은 없

굿하는 모습(일제강점기)

었다는 듯이 무시의 대상조차도 되지 못했다. 그 결과 수십 개에 달하던 서울 지역의 굿당들이 몇 안 남고 다 없어져 버렸다. 뿐만 아니라 무당들에게 재충전의 성지였던 계룡산의 수많은 기도처가 앞서 말한 박정희 정권 시절에 국가 차원의 대대적인 정화(?) 작업으로 사라져 버렸다. 이러한 틈을 타고 '문명'의 종교연 하는 서구 태생의 종교가 대대적인 포교 활동을 벌였고, 사람들은 앞다투어 서양 종교의 성소로 몰려갔다. 그런 끝에 서울의 밤하늘은 공동묘지를 연상시키는 십자가로 뒤덮였다. 겉모습만 보면 한국은, 적어도 서울은 그리스도교 국가가 된 것처럼 보였고, 그 외 불교는 방계의 종교 정도로 전락한 것처럼 생각되었으며, 무교는 사라진 것처럼 보였다.

그러나 한국인들이 수천 년 동안 신봉하던 무교가 그렇게 호락호락 사라질 리가 없었다. 조선왕조 오백 년 동안에 다양한 박해를 받으면서도 살아남았던 무교는 곧 새로운 상황에 적응하는 저력을 보여주었다. 무교가 한국인의 심층 의식에 가장 한국적인 종교로 자리 잡았기 때문에 한국인들이 무당을 털어 내고 완전히 잊는다는 것은 애당초 불가능한 일이었다. 헐버트가 앞서 지적한 대로, 평시에는 무교를 잊고 기성(거대) 종교의 일원으로 버젓이 행세(?)하다가도 큰 문제만 생기면 한국인들의 머리에는 무교가 바로 떠오르게 되어 있었으니, 그 무교가 사라질 수가 없는 것이었다. 무교는 다만 더 밑으로, 그리고 더 주변으로 스며들어 간 것이지, 그 존재가 없어진 것은 아니었다.

현대의 무교

한국인들이 경제 개발에 성공하고 자신들의 과거 전통을 돌아볼 만한 여유가 생기자 서서히 무교는 가시적으로 한국 사회 전면에 나타나기 시작했다. 무당의 숫자가 늘어난 것은 말할 것도 없고 서울의 굿당 숫자가 다시 수십 개로 늘어났다. 게다가 아마도 한국 무교사 최초의 사건으로 생각되는데, 무당들의 조직체가 생겨났다. 그것은 ㈜대한경신(敬神)연합회—원래는 '대한승공(勝共)경신연합회'였는데 북한과 관계가 좋아지면서 '승공'은 빠졌다—라는 단체이다. 그 내부 상황은 잘 알지 못하지만, 무당들이 전국 단위의 조직을 만든 것은 이것이 최초일 것이다.

그런데 무당의 숫자에 대해서는 설이 많다. 현재 본 연합회만도 회원이 10만이 훌쩍 넘는다고 하니 무당 전체 숫자는 이보다 훨씬 많을 것이다. 이 단체에 가입하지 않은 무당도 많을 테니 말이다. 그래서 대체로 무당의 숫자가 20~30만 정도는 되지 않을까 하고 추산해 보는데, 정확한 숫자는 알 길이 없다. 그러나 이 숫자만 놓고 보아도 무당들이 얼마나 많은지 알 수 있다. 지금 가장 많은 수를 자랑하는 종교 성직자는 목사인데 그들도 10만을 넘지 못한다. 이에 비하면 번번한 조직도 없는 무당이 이렇게 많은 것은 놀랄 만한 일이 아닐 수 없다.

이들의 위세를 확인하는 일은 어려운 일이 아니다. 전국 도처에서 발견되는 무당집들을 통해서 이를 쉽게 확인할 수 있다. 한국, 특히 서울은 어디를 가든 'ㅇㅇ보살'이니 'ㅇㅇ선녀' 혹은 'ㅇㅇ장군'이니 하는 간판이 보이고 대문 앞에는 대나무에 하얀 천과 빨간 천을 걸어놓은 무당집들이 숱하게 보인다. 이렇게 무당집이 많이 발견되는 나라는 전 세계에 한국밖에 없을 것이다. 무당집의 노출과 관련해서 내가 재미있게 생각하는 곳은 전주 한옥마을이다. 이곳은 전주시가 야심을 갖고 국제적인 명소를 만들려고 하는 관광 특별지역과 같은 곳이다. 그래서 많은 돈을 들여 재단장했고 나날이 명성에 걸맞은 모습으로 변모하고 있다. 전국에서 한옥이 밀접한 지역은 서울의 북촌과 이곳밖에 없다는 식의 선전은 이젠 식상한 것이 되었다.

그런데 그곳에 가 보면 사진에서 보는 것처럼 대나무에 일명

무당집 깃발

'폴란드 깃발'(대나무에 항상 하얀 기와 빨간 기를 같이 걸어 놓기 때문에 나는 무당집 깃발을 폴란드 깃발이라고 부른다.)을 버젓이 걸어 놓고 무업을 하는 집이 한둘이 아니다. 전주 시민들에게는 이런 모습이 전혀 이상하지 않은 것이다. 그런데 만일 서울 북촌에 저런 무당집이 즐비하게 있다고 생각하면 이상하기 짝이 없을 것이다. 실제로 북촌에는 대나무 기를 걸어놓고 무당집을 운영하는 무당은 하나도 없다(북촌 땅값이 비싸 경제적으로도 그것은 쉽지 않은 일일 것이다!). 당시 나를 안내해 준 전라일보의 이상덕 문화부장도 이런 광경에 대해 하나도 이상하게 생각하지 않았다. 아마 무교가 서울 시민들보다는 전주 시민들에게 훨씬 더 일상화된 종교였던 때문이 아닐까 하는 생각이 든다.

그런가 하면 매일 발행되는 스포츠 신문 하단에서 발견되는 점 광고나 무교 관련 홈페이지들의 범람 등에서도 우리는 날로 팽창하는 무교의 힘을 느낄 수 있다. 비록 스포츠 신문이지만 무당을 포함한 수십 명의 점술사가 한 지면을 사서 점 광고하는 경우는 아마도 한국 이외의 나라에서는 발견하기 힘들 것이다. 그리고 인터넷 공간에서 무교나 점과 관련된 홈페이지를 찾아보면 의외로 많은 것을 알 수 있다. 특히 무당 자신들이 만든 홈페이지는 넘쳐난다.

TV의 코미디 프로그램에도 무당은 단골로 등장한다. 무당과 관련해서 몇 년 전에 가장 많은 주목을 받은 TV 프로그램은 아마도 강호동이 진행했던 '무릎팍 도사'일 것이다. 이 프로그램이 성공할 수 있었던 것은 진행자의 기량 덕분도 있었겠지만 점집이라는 무대 세팅도 큰 몫을 한 것 같다(이 프로그램의 성공에 힘입어 '가슴팍 도사'라는 짝퉁 프로그램까지 나왔다!). 이 프로그램은 없어졌지만 금세 그와 유사한 프로그램이 나와 우리의 시선을 끈다. KBS TV가 2019년부터 방영한 '무엇이든 물어보살'이라는 프로그램이 그것으로, 거인 서장훈이 선녀 보살로, 키 작은 이수근이 동자로 분해 사람들의 문제를 풀어준다. 이 무대 세트는 완전히 무당집을 모델로 한 것으로 선녀 보살이나 동자는 한국 무교의 대표 신명이다. 계속해서 이런 프로그램이 나오는 것은 앞에서 본 것처럼 한국 사람들은 문제가 있으면 무당을 찾아간다는 관념이 있어 무의식적으로 무당집이 세트가 된 프로그램을 만들어낸 것임을 알 수 있다. 이처럼 무교는 현대 한국인들의 의식 에도 친숙하게 자리 잡고 있다.

이런 현상은 민간에서만 발견되는 것이 아니다. 정부에서 정하는 인간문화재에 무당이 선정되었다. 1985년 '큰 무당' 김금화 씨가 국가무형문화재인 서해안배연신굿 및 대동굿 보유자로서 인간문화재가 된 것이다. 이것은 아마도 한국무교사에서 최초로 무교가 공식적으로 법적인 인정을 받는 사건일 것이다. 물론 종교로서 무교를 인정한 것이 아니라 무당의 예술가적인 재능을 인정한 것이기는 하지만 조선시대에는 생각하지도 못한 일이 벌어진 것이다. 그런가 하면 무형문화재로 10개 이상의 마을굿(혹은 별신제)이 지정된 것도 획기적인 현상이라 할 수 있다. 그중에서 강릉 단오제나 제주 칠머리당 영등굿은 유네스코에 세계적인 (구전) 무형 걸작 문화유산으로 등재되는 등 그 재평가, 재조명 작업 행렬이 심상치 않다. 유네스코에 등재된다는 것은 지역의 특수성뿐만 아니라 세계적인 보편성을 띤다는 것을 의미하며, 더 이상 그 나라 것에만 그치는 것이 아니라 세계 인류가 같이 보호해야 하는 뛰어난 문화 자산으로 인정받는 것을 의미한다. 그런데 한국 무교의 대표적인 축제가 등재되었다는 것은 한국의 무교가 전 세계적으로 한국을 대표하는 종교 문화로 인정받은 것을 의미한다고 한다면 지나친 비약일까?

유네스코 무형유산에는 한국의 판소리도 등재되어 있다. 그런데 판소리는 무교와 직결되어 있다. 판소리는 남도 굿판인 시나위 판에서 유래한 것으로, 악사들이나 무당들이 노래하던 것이 다른 많은 요소와 섞이면서 발전한 것으로 알려져 있다. 이렇게 보면 전 세계적으로 인정받는 한국의 전통예술이 무교와 매우 연관성이 높은 것을 알 수 있다. 사실 세계적으로 이름 높은 한국의 사물놀이도 굿에서 파생한 것이다. 사물놀이는 농악에서 나온 것이고 농악은 마을굿을 할 때 단골로 등장하는 것이니 모두 굿과 깊은 관계가 있는 것이다.

한국인의 근본 종교는 무교!

무교를 대하는 태도의 이중성

지금까지 본 것과 같이 무교는 한국의 전통문화와 떼려야 뗄수 없는 관계에 있는데도 불구하고 이상하게도 주인공인 한국인들은 그것을 인정하려 들지 않는다. 필자는 이러한 성향을 지닌 무교가 현대 한국인들의 일상생활 속에서는 과연 어떤 모습으로 나타나는가에 대해 밝힌 적이 있다. 특히 한국인의 놀이문화에 나타난 신명과 신들림 현상을 가지고 분석했는데, 한국인들이 노는 행태의 강도와 다양성은 가히 세계적 수준이라할 수 있다. 그 가운데에서도 한국인들 음주하고 가무하는 모습은 단연 압권이다.

한국인이 술을 좋아한다는 것은 이미 잘 알려진 사실이다. 전 세계에서 가장 많이 팔리는 증류주가 한국의 소주라는 것도 그렇고, 서울을 비롯한 대도시에 술집이 많은 도시 환경도 그런 사실을 방증해준다. 그런데 그 많은 술집이 매일 아주 늦게까지, 아니면 다음 날 일찍까지 영업을 하니 한국인이 얼마나 술을 많이 마시는지 누구나 알 수 있을 것이다.

그러면, '한국인은 왜 이렇게 술을 많이 마시는가?' 이 질문에는 많은 대답이 있을 수 있는데 무교와 관련해서 말해보면, 한국인들은 술을 통해 낮은 수준의 망아경에 가까이 가는 것을 매우 좋아한다는 것이다.

필자의 가설에 의하면 태생적으로 한국인들은 자유분방한 성향을 갖고 있어 질서보다는 '비(非)질서'를 지향한다. 이전에 나는 비질서 대신 무질서라는 단어를 사용했는데, 무질서는 마치 질서가 아예 없는 상태를 연상시키는 것 같아 그 대신 비질서라는 단어를 사용하기로 했다. 비질서란 일상에서 말하는 질서가 아니라, 그것과는 다른 개념의 질서라고 정의하고 싶다. 한국인들이 지향하는 무의식적 세계는 아무 질서가 없는 카오스적인 상태가 아니라 다른 수준의 질서를 갖고 있다는 생각을 담아서 이렇게 표현하였다. 도자기나 건축처럼 전통적인 한국인이 만들어 낸 '예술작품'들을 보면 그 작품이 중국이나 일본 적인 입장에서는 무질서하게 보일는지 몰라도 그 안에는 나름 의 질서가 있기 때문에 이것을 비질서라고 해 본 것이다.

비(非)질서의 세계를 지향

이런 성향을 지닌 한국인들은 일상에서도 무의식적으로 이 비질서의 세계를 지향하는데, 이것이 가장 두드러지는 것은 밤 에 술을 마실 때이다. 한국인들은 유교적인 낮의 세계를 보내 고 밤이 되면 자신들의 본향인 비질서의 세계로 가까이 가려고 갖은 애를 쓴다. 이 목적을 위해 한국인들이 가장 많이 사용하 는 방법이 바로 술 마시는 것이다. 무당들은 이러한 망아경의 세계로 접근할 때 술의 힘을 빌리지 않아도 되는 전문적인 종 교인이지만 일반인들은 술이 아니면 그 세계로 가까이 가기가 어렵다. 그래서 한국인들은 자신들의 본향이라고 할 수 있는 이러한 비질서의 세계에 조금이라도 가까이 가기 위해서 매일 밤 술과 함께하는 세속적인 형태의 종교 의례를 하는 것이다. 한국인들이 매일 술을 들이켜는 행태는 적어도 내게는 이렇게 읽힌다.

신림동 점집들 ⓒ최정화

술을 많이 마신 한국인이 다음에 하는 것은 주지하다시피 노래하는 것이다. 한국인의 노래 사랑은 유별나다. 라디오 노래방 같은 것은 이젠 예로 들기에도 진부할 지경이다. 세상에 한국인들이 노래를 얼마나 좋아하면 방송으로 나오는 반주에 맞추어 전화기에 대고 노래를 하겠는가? 이렇게 라디오 프로그램 중에 방송 중에 노래 경연을 하는 나라가 또 있을까? 이전에는 이런 프로그램이 낮에만 나오더니 이제는 아침 출근길에도 나오고 심지어 심야방송에서도 노래를 해댄다.

그리고 노래방도 그렇다. 전 세계에 노래방이 이렇게 많은 나라가 한국 말고 또 있을까? 다른 나라 사람들은 아주 특별

노래방

한 경우에만 노래를 하면서 즐기는데 한국인들은 매일 노래를 달고 산다. TV에 노래하는 프로그램이 이렇게 많은 나라는 역시 한국밖에 없을 것이다. 시내 곳곳에 있는 노래방들은 일요일 밤까지 영업한다. 일요일 밤은 다음 날인 월요일 아침에 출근할 것을 대비해 일찍 자야 하는데 한국인들은 그런 것에 아랑곳하지 않는다. 한국인들이 노래에 대해 갖는 열렬한 사랑을 알 수 있는 한 가지 예만 더 소개하고 넘어가기로 하자.

교수들이란 그 나라에서 가장 지성 지향적인 사람들이라고 간주된다. 그래서 그 사람들은 음주가무를 하기보다는 토론하는 것을 좋아하고 딱딱한 이론을 앞세우면서 삶을 매우 진지하게 혹은 아주 건조하게 사는 사람들이라고 할 수 있다. 그런데 한국의 교수들이 다 그런 것은 아니겠지만, 이들의 음주가무 선호도는 다른 나라의 교수들을 훨씬 능가할 것이다. 이해를 돕기 위해 적나라한 예를 들어보자(물론 이 이야기는 코로나19 팬데믹 사태 이전의 이야기다). 내가 봉직했던 이화여대에서는 몇 년에 한 번씩 지방으로 가서 하룻밤을 자면서 회의를 한다. 그런데 일정을 보면 회의는 잠시뿐이고 대부분 식사와 여흥으로 점철되어 있는 것을 알 수 있다. 회의를 마친 뒤 저녁 식사가 끝나면 곧 단과대학 별로 장기자랑에 들어가는데 이 행사에는 출장으로 온 '원맨(one-man) 밴드'가 항상 대기하고 있다. 장기자랑 내내 이 사람의 활약이 두드러진다. 왜냐하면 장기자랑이라는 게 별것이 아니고 교수들이 나와 노래 반주기에 맞추어 노래하는 것이 대종을 이루기 때문이다.

나는 이 광경을 볼 때마다 '과연 어떤 나라 교수들이 회의 한 답시고 모여서는 밴드를 불러다 저런 짓을 할까?' 하는 생각이 들었는데 다른 교수들은 그런 것을 별로 기이하게 생각하는 것 같지 않았다. 그렇게 놀다 헤어지면 이번에는 단대별로 다시 모여 큰 노래방을 빌려 작심을 하고 본격적으로 노래를 불러댄다. 이렇게 노래하다 보면 새벽 두세 시가 되는 것은 잠깐이다 (그다음에는 또 야식 하러 나간다). 한국에서 가장 공부를 많이 했다는 교수들이 모여서 하는 일이 밤새 노래하는 것이라면 이것만으로도 한국인들의 노래 사랑이 얼마나 열렬한지 알 수 있지 않을까? 나는 미국이나 일본, 중국 교수들이 저렇게 밤새 술 마시며 노래하고 노는 것을 보지 못했다. 아마도 한국인들은 이렇게 놀지 않으면 사는 것 같지 않다고 생각하는 모양이다.

그러면 한국인들은 왜 노래를 그다지도 좋아하는 것일까? 이에 대해 확실하고 구체적인 답을 제시할 수 있는 것은 아니지만 심증적으로 무교와 연관되는 면이 있어 그것을 제시해 보고

자 한다. 한국 무당들에게 춤과 노래는 무엇일까? 굿을 보면 시작부터 끝까지 노래와 춤으로 되어 있는 것을 알 수 있는데, 무당들의 가무는 놀이 차원에서 행하는 것이 아니라 신과 교통하기 위한 종교적인 수단이라 할 수 있다. 무당들은 노래와 춤을 통해 망아경 속에 빠져 신을 받는 것이다. 다시금 망아경이다. 조금 전에 한국인들은 술을 통해 비질서의 세계로 빠져든다고 했다. 술을 마시면서 노래와 춤을 곁들이면 망아경으로 들어가는 속도는 빨라진다. 그래서 이 과정을 '술 마시고 노래하고 춤춘다'라는 뜻의 '음주가무'라는 한 단어로 만들어 표현하는 것이다. 술만 먹고 가만히 있는 것보다는 소리를 지르면서 몸을 격렬하게 흔드는 것이 훨씬 망아경 속으로 들어가기 쉬울 것이다. 이렇게 보면 한국인들은 밤마다 무당들이 하던 고대의 엑스터시 향연을 되풀이하는 것처럼 보인다.

북한 인민도 무교 지향

우리의 주제와 관련해서 마지막으로 언급하고 싶은 것은 북한의 상황에 대한 것이다. 만일 한국인들의 의식의 근저에 무교가 깔려 있다면 북한 사람들도 같은 민족이니 그들에게도 같은 모습이 보여야 하지 않을까 하는 생각을 하게 된다. 만일 이 가설이 맞는다면 그들에게서도 어떤 식으로든 무교와 연관된 모습이 나와야 한다.

이를 간접적으로 확인할 수 있는 길이 있다. 이른바 탈북자들이 대거 남쪽으로 오는 사태가 발생한 것이다. 나는 이들과 부분적으로 접촉할 수 있는 기회를 가질 수 있었는데 이들은 놀라운 소식을 전했다. 자신들이 살던 마을에는 불교나 그리스도교와 관련된 시설이나 문화는 전혀 없지만 점쟁이는 있다는 것이다. 그리고 이들 가운데 몇몇은 남한으로 탈출하기 전에 은밀하게 이 잠행이 성공할는지 여부를 묻기 위해 마을 점쟁이를 찾았다고 한다. 그랬더니 이 점쟁이가 말하길 '당신은 1년 뒤에 이곳에 없을 것이다'라고 해, 자신이 북한을 뜨려고 한 생각을 어찌 알았는지 매우 신기했다고 전했다. 이 점쟁이들이 굿도 하느냐고 물으니 그렇지는 않고 다만 점치는 것에 한해서는 당에서도 용인하고 있다고 한다. 북한은 종교 자체를 인정하지 않는 나라이니 굿 하는 것을 용인할 리가 없었을 것이다.

더 최근에는 신병(神病)이 걸린 탈북자가 남한에 내려와 내림굿을 받고 무당이 되었다는 이야기를 들은 적이 있다. 이 이야기를 듣고 나는 내 가설이 틀리지 않았다는 것을 확인할 수 있었다. 북한 사람들도 남한 사람과 같은 민족인지라, 불교가 없이도 또 그리스도교가 없이도 살 수 있지만, 무교 없이는 살 수 없었던 것이다. 아무리 절대권력 일변도인 북조선 정권 하에 놓여 있지만 한국인의 의식 깊은 속에 있는 무교적인 성향은 어쩔 수 없었던 것이리라.

이 정도만 보아도 한국인들이 역사적으로 얼마나 무교 지향적인 삶을 살아왔는지 알 수 있을 것이다. 한국인들은 외국에서 종교를 받아들일 때도 그 근본에는 무교를 두었다. 그래서 외래 종교는 그 전개 양상이 항상 무교와 습합되어 나타났다. 이에 대해서도 수많은 예를 들 수 있다. 그중에 작은 예 하나만 들어보면, 불교에서 민속(무교)의 신인 산신이나 칠성신 혹은 조왕신 등을 받아들인 것이 그것이다. 그런가 하면 불교든 그리스도교든 한국인들이 그 종교를 신봉할 때는 매우 타율적이고 구복적인 신앙으로 나타나는데, 이것도 무교와 관련이 있지 않을까 한다. 그중에서도 한국의 개신교도들은 유독 열광적인 기도와 방언이 중시되는 부흥회 같은 집회를 좋아하는데, 이런 성향도 한국의 무교에서 발견되는 모습과 그리 다르지 않게 보인다. 한국 종교의 전개 양상을 그림으로 보면 다음과 같다.

이 도표를 보면 무교의 전개 양상을 확실히 알 수 있다. 무교

는 단군의 예에서 알 수 있는 것처럼 '고대' 한국의 주요 종교
였다. 그러던 것이 대륙에서 불교와 유교가 들어오면서 무교
는 서서히 기층으로 내려가기 시작했다. 더 나아가서 불교(혹
은 유교)가 국교가 되어 기득권 세력이 되자 무교는 더 이상 지
배 계층과 결합된 종교의 자리에 있을 수 없게 되고, 대신 민중
들과 가까운 종교가 된다. 그렇게 2천 년에 가까운 세월이 지나
고 현재는 그리스도교(천주교, 개신교)가 한국 종교의 대세를 이
루고 있다. 그렇다고 기층의 무교가 사그라진 것은 아니고 앞
에서 본 것처럼 여전히 기층에서 위력을 발휘하고 있다. 그런
데 이 그림에서 표현할 수 없었던 것은 이들 종교 간의 역동성
(dynamism)이다.

사실 한국인의 의식 속에서는 이 종교들이 위의 도표에서 보
이는 것처럼 층으로 차곡차곡 쌓여 있지는 않다. 대신 이 종교
들이 수직적인 차원뿐만 아니라 수평적인 차원에서도 일정한
패턴으로 혼합되어 있는데 이것을 그림으로 표현하는 일은 대
단히 힘들다. 특히 기층에 있는 무교는 상층의 종교들을 다 빨
아들일 것 같은 기세로 임하고 있는데 이것은 그림으로는 도저
히 나타낼 수 없다. 이를 굳이 언어로 설명한다면, 외국에서 들
어온 종교들이 한국의 고유 종교인 무교를 자기화하려고 했지

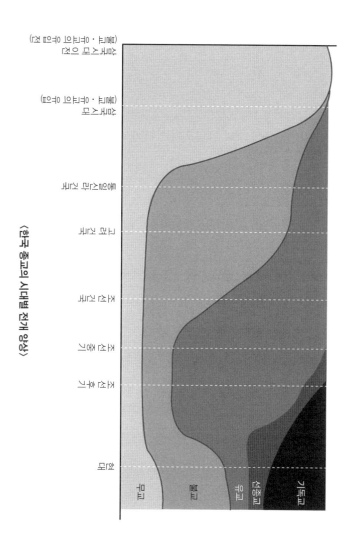

〈한국 종교의 시대별 전개 양상〉

무교   불교   유교   신종교   기독교

삼국 이전(원시·고대 이전)

삼국 이전(원시·고대 이전)

여말선초와 같은 격변

유교 건국

선초 건국

기에서 선초

기에서 선초

오늘날

만 결과는 반대로 자기 종교가 무교화되는 양상을 보인 것이라고 할 수 있다. 예를 들어 초기 개신교의 선교사나 신도들이 무교를 주적 1호로 지목하고 그것을 정복하려고 온갖 애를 썼지만 결과는 개신교가 무교화되는 양상이 되는 것이 그것이다. 이제 이런 현상에 대해 살펴보기로 하자.

III. 한국인의 종교적인 내면 세계

무교는 단군의 예에서 알 수 있는 것처럼 '고대' 한국의 주요 종교였다. 그러던 것이 대륙에서 불교와 유교가 들어오면서 무교는 서서히 기층으로 내려가기 시작했다. 더 나아가서 불교(혹은 유교)가 국교가 되어 기득권 세력이 되자 무교는 더이상 지배 계층과 결합된 종교의 자리에 있을 수 없게 되고, 대신 민중들과 가까운 종교가 된다. 그렇게 2천 년에 가까운 세월이 지나고 현재는 그리스도교(천주교, 개신교)가 한국 종교의 대세를 이루고 있다.

무교에서 바라본 불교와 그리스도교

장면 1.

매년 수능 시험 때가 되면 북한산에 있는 마애불 앞은 주부들로 인산인해를 이룬다. 이 주부들의 소원은 단지 하나, 그저 자기 자식이 높은 수능 점수를 받아 원하는 대학에 가는 것이다. 이들은 평소에도 가끔 절에 오지만 이렇게 오랫동안 절을 하는 경우는 거의 없다. 절은 생각보다 그리 쉬운 게 아니다. 한 번 할 때마다 전신 운동이 되기 때문에, 평소에 절을 안 하던 사람은 열 번을 제대로 하기도 힘들다. 그런 절을 이 주부들이 이날만큼은 수를 헤아리지 않고 계속해서 해댄다. 많이 할수록 그 정성이 저 앞에 있는 부처님에게 사무쳐 자신의 바람이 이루어질 수 있다는 믿음에서 말이다. 이렇게 빌러 올 때 그들은 결코 빈손으로 오지 않는다. 부처님에게 소원을 빌러 오는 건데 그냥 오면 '청(請)빨'이 안 먹힐 것이라는 생각에서다. 예전에는 쌀을 많이 가져왔지만 요즘에는 너도나도 돈으로 바친다.

장면 2.

송파에 있는 올림픽 경기장을 갔을 때였다. 둘러 보니 어떤 유명 목사의 부흥회 벽보가 눈에 띄었다. 올림픽 경기장은 규모가 커 이런 종교 집회에 많이 사용되었다. 잘됐다 싶어 걸음을 재촉해 부흥회가 열리는 경기장으로 향했다. 안으로 들어가니 경기장 한편 좌석은 거의 차 있었다. 운동장에는 설교단이 설치되어 있었고 족히 20여 명은 되어 보이는 악단이 한창 찬송가를 연주하고 있었다. 사람들은 반주에 맞춰 신나게 찬송가를 불러댔다. 그렇게 몇십 분 동안 계속되는 노래가 끝나자 목사의 설교가 시작되었다. 생각보다 목사의 설교는 짧았고 별 내용도 없었다. 그저 같은 말을 반복하는 것 같았다. 목사의 설교가 끝나자 부흥회의 하이라이트인 통성 기도가 시작되었다. 내 옆에 있는 사람을 보니 손을 들고 앞뒤로 흔들면서 처음에는 천천히 기도하는 것 같더니 말하는 속도가 점차 빨라졌다. 그러다 곧 마구 소리를 지르는 모드로 바뀌더니 눈물을 쏟아냈다. 그러길 잠시 그는 혀가 돌아가기 시작했다. '알라막 길라렐라발라…' 말로 옮기기도 쉽지 않은데 대강은 이런 소리였다. 한 사람이 방언이 터지니 여기저기서 혀가 돌아가는 소리가 들렸다. 그렇게 한참을 지속했던 것 같다. 나중에 집회장을 나오면서 들어보니 방언을 한 이들은 한결같이 오늘 '기도발'이 잘 먹혔다고 하면서 스스로를 여간 대견하게 생각하는 게 아니었다.

불교와 그리스도교 신행의 기본 구조

위의 두 장면은 이른바 고등 종교라는 불교와 개신교인들의 대표적인 신행 형태를 적어 본 것이다. 이런 특별한 장소에서 하는 의례가 아니더라도 특히 개신교인들은 교회서든 집에서든 기도를 많이 한다. 이들은 어떤 때에 어려운 일이 닥치면 기도를 '빡세게' 해달라고 서로에게 요청한다. 밥 먹을 때에도 그야말로 밥 먹듯이 기도를 한다. 이렇게 간구하는 기도의 내용을 보면 대부분 그들이 믿는 신께 '무엇을 해 달라'는 것으로 이루어져 있다. 가령 '건강 지켜 주시옵고, 그가 가는 발걸음마다 가호를 내려 주시옵고…' 하는 등등이 그것이다. 그리스도교에는 이런 것 말고도 많은 형태의 기도가 있다. 특히 천주교의 경우에는 죽기 직전에 하는 병자(종부) 성사를 비롯해 7개의 성사가 있는데, 이것이 꼭 기도는 아니지만 그 내용이 어떻든 정성을 올리는 인간이 있고 그것을 받는 대상인 신이 있다는 구조는 바뀌지 않을 것이다.

한편 불교는 그리스도교처럼 그렇게 대놓고 기도하지는 않는다. 불교에서는 신을 인정하지 않는 교리 때문인지 신도들이 그리스도교 신자처럼 명시적으로 기도하지는 않는다. 대신 승려가 사제가 되어 불상 앞에서 신도의 이름을 부르면서 축원을 해주는 경우가 많다. 불교에서도 기도라는 말을 쓰는 경우가 있는데 그것은 매우 단순한 형태의 기도를 말한다. 불교의 기도는 승려가 계속해서 불보살의 이름을 외는 것이다. 예를 들어 천 일 동안 '관음 기도'를 한다고 하면 승려(혹은 신도)가 일정한 시간대에 한 시간 정도 동안 계속해서 '관세음보살, 관세음보살'하고 왼다. 그러나 어찌 됐든 기도를 받는 대상이 있고 그 행위를 하는 인간이 있다는 점에서 이것은 기도의 가장 기본적인 구조라 하겠다.

그러면 이렇게 행하는 기도는 기본적으로 어떠한 가정 아래 이루어지는 것일까? 먼저 그 구조를 보면, 구조 자체는 아주 간단한 것이다. 우선 기도를 하는 인간이 있어야 하고 그 기도를 받는 대상이 있어야 한다. 기도하는 주체를 굳이 나눈다면 일반 신도와 사제로 분류할 수 있지만 그것은 그다지 중요한 일이 아니다. 그에 비해 기도나 공물을 받는 대상은 아주 다양한데, 여기서는 일단 신이나 부처가 그에 해당된다고 보면 되겠다. 이러한 대상의 존재도 중요하지만, 이보다 더 중요한 것은 이 두 존재 사이에는 물심양면으로 소통이 가능하다는 것이다. 이 가정이 없으면 기도는 원천적으로 무효가 된다. 아무리 기도를 올려도, 또 아무리 많은 공물(供物)을 바쳐도 그것이 기도 드리는 대상에 전달되지 않는다면 아무 소용없는 것 아니겠는가? 이해를 돕기 위해 도표로 그려 보자.

기도 대상 —	신 혹은 부처
소통 가능 —	⬆⬇
기도 주체 —	인간(사제 혹은 일반 신도)

그런데 이 그림에서 보이는 전체적인 구조는 우리가 앞에서 본 무교의 구조, 즉 '신령⇔(무당)⇔신도'의 구조와 다를 바가 없다. 무교의 구조에서도 신도가 직접 신령께 정성을 올릴 수 있고 무당이 대신 그 정성을 올릴 수도 있다. 사정이 이러한데 왜 그리스도교나 불교는 미신이 아니고 무교만 미신이라고 하는 걸까?

앞에서 본 것처럼 무교를 미신이라고 비판할 때 거기에는 다음과 같은 가정이 있었다. 즉 존재하지도 않는 신령, 혹은 존재한다고 하더라도 아주 저급한 잡귀 수준의 신령을 상정하고 거기에 비는 것은 미신이자 우상숭배라는 것이다. 그리고 굿을 할 때 상다리가 휘어지도록 많은 음식을 차려 놓고 그것으로 신에게 정성을 바쳤다고 생각하며, 그것이 신령을 감동케 해 그에 상응하는 보답을 받아 낼 거라는 생각 역시 저급하고 미신적인 사고에 불과하다는 것이다. 그뿐만이 아니다. 무당이 노래하고 춤을 추어 신령을 기쁘게 한다는데, 그 노래(그리고 춤)는 조야하기 짝이 없고 그런 것을 가지고 종교적인 의례라고 하는 것 자체가 어불성설이라는 견해도 있다. 이 외에도 여러 가지를 꼽을 수 있지만 굿은 처음부터 끝까지 미신적인 것으로만 구성되어 있다고 하는 것이 대체적인 의견인 것 같다.

이런 생각들을 염두에 두고 이제부터는 위의 사항에 상응하는 그리스도교나 불교의 것을 보기로 하자. 이 대목에서 우선 중요한 것은 기도의 대상이 되는 신이나 부처가 정말로 존재하느냐는 것이다. 물론 그리스도교도나 불교도들은 당연히 신이나 부처가 존재한다고 주장할 것이다. 그러나 객관적인 대상으로서의 신(혹은 부처)이 존재한다는 문제와 일반 신도들이 생각하는 신(혹은 부처)이 존재하는가 그렇지 않은가 하는 것은 별개의 문제이다. 그것을 염두에 두고 먼저 신에 대해서부터 보자.

그리스도교의 경우

신의 존재 여부 문제는 그야말로 수천 년을 내려온 주제라 여기서 가볍게 다룰 수 없을 뿐만 아니라 깊게 들어갈 수 있는 주제가 아니다. 신의 존재를 증명하려 할 때 가장 대표적으로 나오는 이론은 토마스 아퀴나스의 주장일 것이다. 그는 다섯 가지 방법으로 신의 존재를 증명한다고 했는데, 그중에 가장 대표적인 것이 제1(第一) 원인(first cause) 혹은 제1 동인(動因)으로서의 신이다. 세상에 존재하는 모든 것에는 원인이 있고 이 원인들을 끝까지 거슬러 올라가면 결국 하나의 원인으로 귀착되는데 이게 바로 신이라는 것이다. 제일 동인에 대한 설명도 마찬가지이다. 세상의 모든 움직임에는 원인이 있는데 이것을 거슬러 올라가면 첫 번째 움직이(이게 하)는 자(first mover)가 있어야 하고, 그것이 바로 신이라는 것이다.

이 설명은 일견 매우 그럴듯하지만 따지고 들면 반드시 그런 것은 아니라는 것을 알 수 있다. 먼저 모든 것이 하나의 원인으로 귀착된다고 했는데 그것이 참인지 아닌지는 어떻게 알 수 있을까? 이것은 우리의 이성으로는 증명할 방법이 없는 것 아닐까? 그렇게 하나의 원인으로 귀착되는 게 아니라 계속 순환될 뿐만 아니라 우리가 도저히 알 수 없는 방법으로 그 원인들이 뒤섞여 있을 가능성도 충분히 있기 때문이다.

이 정도만 되어도 매우 복잡한 문제가 되기 때문에 이 지면에서 더 이상 이 주제에 대해 부연 설명하기가 힘들다. 다만 이런 설명에서 우리가 알 수 있는 것은 이처럼 합리적으로 신의 존재를 설명하려는 일은 패착이 된다는 것이다. 신의 존재를 증명하기 위해 어떤 논리를 쓰든 간에 조금 전에 했던 것처럼 반대의 논리를 사용하면 그 논리는 무너질 수밖에 없게 된다.

결국 신은 속성상 논리를 적용할 수 없다는 것을 알아야 한다. 아퀴나스를 위시해서 많은 유신론자들은 신의 존재를 옹호

하면서 신의 속성을 말할 때 논리를 사용하는 경우가 많다. 그런데 신은 논리, 더 정확하게 말해서 이원론적인 논리(dualistic logic) 밖에 있다는 것을 잊어서는 안 된다. 이게 무슨 말인지 한 예를 들어보자.

신의 속성을 말할 때 우리는 '전지전능(全知全能, omnipotent)'이니 '무소부재(無所不在, omnipresent)'니 하는 표현을 많이 쓰는데 이 가운데 후자에 대해서 보자. 이 말의 뜻은 물론 '신은 없는 곳이 없다'라는 것이다. 다시 말해 신은 전체라는 것이다. 그런데 그 전체는 어떻게 알 수 있을까? 전체를 알려고 하거나 정의하려고 하면 전체의 밖으로 나가야 한다. 그래야 전체를 볼 수 있기 때문이다. 그런데 전체 밖으로 나간다는 것은 논리적으로 맞지 않는다. 어떤 것의 밖으로 나갈 수 있다면 그 어떤 것은 전체가 될 수 없기 때문이다. 밖이 존재한다는 것은 더 큰 존재가 있다는 의미가 되기 때문에 그것은 유한한 것이 된다. 따라서 전체의 밖으로 나가는 일은 원천적으로 가능하지 않다. 바로 그런 이유에서 전체를 알 수 있는 길은 없다. 그런데 논리라는 것은 부분 사이에서만 적용될 수 있는 것이기에 전체에는 적용할 수 없다(논리로는 부분 사이의 관계만 알 수 있다). 왜냐하면 전체는 논리 밖에 있기 때문에 논리로는 설명할 수 없기 때문이다.

따라서 이성적인 영역에서는 신의 존재에 대한 어떠한 설명도 가능하지 않다. 그런 설명, 신에 대한 논리적인 설명이 틀렸다는 것을 보여주기 위해 굳이 하나의 예를 더 들어보자. 이것을 통해 우리는 일반 신자들의 믿음은 말할 것도 없고 이론가들의 생각이 사실은 얼마나 허술한가를 알 수 있을 것이다.

통상 그리스도교의 신은 이 우주를 창조했다고 말한다. 이 이야기는 그리스도교의 경전인 구약*에 나온다. 구약의 첫 번째 장인 창세기를 보면 신이 7일에 걸쳐 이 우주를 창조한 것으로 되어 있다. 이것을 가지고 일반 신자들은 슈퍼맨 같은 신이 허공에서 손을 저으면서 '빛이 생겨라.' 하면 빛이 생기고 '지구가 생겨라.' 하면 지구가 신 앞에 나타난 것으로 생각한다.

이러한 생각을 정리해 보면, 그리스도교 신자들은 마치 인간인 우리가 무엇을 만들 때처럼 신이 주체가 되어 객체인 이 세상을 만든 것으로 생각하고 있음을 알 수 있다. 그런데 이 생각에는 심각한 오류가 있다. 단도직입적으로 말해 앞에서 말한

---

* 구약은 원래 유대교의 성전이지, 그리스도교의 것이 아니다. 그리고 구약이라는 말은 그리스도교 중심적이라 써서는 안 되지만 관례상 그냥 따랐다. 그래서 종교학에서는 구약 대신 '히브리 성서 혹은 바이블'이라고 부른다.

것처럼 신은 전체로 정의되기 때문에 신에게 객체란 있을 수 없다. 만일 이 세상과 대립하는, 혹은 이 세상 바깥에 있는 타자로서 신이 존재한다면 그 신은 유한한 존재일 뿐이다. 유한한 이 세상과 대면할 수 있는 존재는 유한할 수밖에 없기 때문이다. 세상이 유한하니 그 대상도 유한해야 한다. 그런데 신은 무한한 존재라고 했다. 만일 신을 이렇게 세계 밖에서 세상을 창조한 존재로 생각한다면 그런 신은 유한한 존재가 되는 것이고 그렇게 되면 그런 신은 진정한 신이 아니다.

그런데 대체로 일반 신자들은 이런 신을 자기들이 믿는 신으로 생각하고 있다. 그러니 일반 신자들이 생각하는 신은 허구의 산물이라는 것이다. 좀 과격하게 말하면 일반 신자들이 생각하는 신은 우상이라고 할 수 있다. 우상에는 여러 정의가 가능한데 절대 실재가 아닌 것을 절대 실재로 간주하는 것도 포함된다. 일반적인 그리스도교 신자들은 존재하지도 않는 신을 상정해 놓고 그것에게 절대성을 부여하니 이것이야말로 우상 숭배라고 할 수 있지 않겠느냐는 것이다. 이 발언이 과격하게 들리겠지만 이론적으로는 틀릴 게 없다. 신은 어떤 객체의 외부에 존재할 수 없는데 신이 외부에 있다고 하고 그것에 대고 빌어 대니 우상숭배가 아니고 무엇이겠느냐는 것이다.

물론 일반 그리스도교 신자들이 이런 학술적인 것까지 생각하고 신을 믿는 것은 아니다. 그들이 신의 존재를 믿는다고 할 때 가장 많이 의존하는 것은 "성경"이라고 불리는 바이블이다.* 이 바이블에서 신이 있다고 했고 그 신이 인간이 되어 인간의 죄를 뒤집어쓰고 죽었다가 3일 만에 부활해 다시 승천했다고 쓰여 있기 때문에 그렇게 믿는다는 것이다. 쉽게 말해 이 바이블은 그리스도교인들에게는 진리 그 자체로 여겨진다. 따라서 여기에 쓰여 있는 것은 무조건 절대적으로 사실이며 진실이고 진리라는 것이다.

그리스도교인들이 통상적으로 갖는 이러한 태도에 대해 우리는 바로 다음과 같은 질문을 던질 수 있을 것이다; "당신들이 믿는 그 바이블에 오류가 하나도 없다는 것은 어찌 알 수 있는가?" 그러면 이들은 이 반격에 대해 종종 "바이블이란 성령이

---

* 필자는 그리스도교의 경전을 결코 '성경'이나 '성서' 같은 단어로 부르지 않는다. 성경이나 성서는 보통명사이기 때문에 특정 종교에만 국한해서 쓸 수 없기 때문이다. 만일 그리스도교의 경전만을 성경이라고 부른다면 이것은 인류에게는 그리스도교의 경전만이 유일한 경전이라는 의미가 된다. 이러한 태도는 앞에서 누누이 이야기한 종교 제국주의적인 시각 외에 다른 것이 아니다. 따라서 굳이 바이블을 번역한다면 『기독경』이 되어야 할 것이다

복음서를 쓴 기자(記者)의 손을 빌려 썼기 때문에 오류가 절대로 있을 수 없다"라고 주장한다. 우리는 이 대답에도 질문을 계속해서 던질 수 있다; "성령이 있는지는 어찌 알며 설령 있다손 치더라도 그 성령이 복음 기자들의 손에 임했는지는 어찌 아는가?" 대화가 이 정도 오가면 그때부터는 이성의 영역이 아니라 믿음의 영역으로 들어가기 때문에 대화를 중단할 수밖에 없다. 여기서 조금 더 반박하면 상대 기독인들은 역정을 낼 수도 있다.

여담이지만 바이블이 성령에 의해 쓰였다는 것은 신학을 제대로 한 학자들은 인정하지 않는 이론이다. 바이블은 다른 여느 책처럼 철저하게 인간의 손에 의해 쓰였기 때문이다. 그래서 복음서 간에도 같은 사건을 두고 다른 묘사가 나오는 것이다. 게다가 사람들은 바이블에 쓰여 있는 예수 이야기가 모두 참인 줄 알지만 예수가 실제로 한 이야기는 얼마 되지 않는다. 예수의 행적을 담은 복음서를 보면 그 양이 적지 않지만 그 가운데에서 실제로 예수가 한 말을 추려 보면 A4 한 장도 되지 않는다고 한다.

이에 관해 적나라한 실례를 들어보자. 요한복음에는 그리스도교인들이 금지옥엽(金枝玉葉)처럼 여기는 구문이 있다. 예수가 한 말로 "내가 길이요, 진리요, 생명이니 나로 말미암지 않고는 아버지께로 갈 수 없다"라는 식의 말인데, 예수가 유일한 구세주라는 그리스도교의 배타적인 교리가 나온 것은 이 말에 힘입은 바가 크다. 그러나 이 이야기는 예수가 직접 한 것이 아니라는 것이 신학계에 정설로 되어 있다. 요한이 이 복음서를 쓸 당시의 그리스도인들이 견지하던 신앙을 예수의 입을 빌려 표현한 것뿐이라고 한다. 그러나 보수 성향인 대부분의 그리스도교인들은 그렇게 믿지 않는다. 그들에게 바이블은 절대적인 진리의 기록이기 때문이다.

그런데 그들의 논지가 어떻든 간에 자기주장의 정당성을 항변할 때 자신들의 영역에서 만들어진 경전에 의거하는 것은 바람직하지 않다. 다른 사람과 논쟁할 때는 공통의 논리적 근거를 사용해야지, 그렇지 않고 "모든 것은 우리 종교의 경전에 의거한다. 왜냐하면 우리 경전은 절대 진리이기 때문이다"라고 하면 그 논리는 설득력이 없다. 종교는 바로 이런 어리석은 짓을 하기 때문에 서로 싸우는 것이다.

비근한 예를 들어 보자. 중근동 사람들이 믿는 신의 이름은 '야훼'인가 '알라'인가? 그리스도교의 바이블에서는 야훼라 하고 이슬람의 꾸란*에서는 알라라고 하니 어떤 것이 맞는 것인가? 만일 자기 종교의 경전에만 의거한다면 이 질문부터 대답할 수 없다. 그뿐만 아니라 바이블과 꾸란에는 다른 이야기와 다른 주장이 많이 나오는데 도대체 어떤 경전이 맞는 것인가? 예를 들어 바이블에서는 예수가 십자가에서 죽은 것으로 나오는데 꾸란에서는 예수가 그곳에서 죽지 않고 내려왔다고 쓰여 있다. 자, 그럼 어떤 경전의 설명이 맞는 것일까? 그리스도교도와 무슬림들은 각각 자신의 경전이 맞는다고 주장할 테지만 제삼자의 입장에서는 명확한 객관적인 증거가 있기 전에는 어떤 것도 신뢰할 수 없다. 모두 자기네 경전만 맞는다고 주장하면 거기에는 싸움만 있을 뿐이다.

더 적나라한 예를 들어보자. 개신교의 일파로 기존 개신교에서 이단으로 판정받는 어떤 교단이 있다.** 그런데 이 교단에서는 바이블을 독특하게 해석해서 신도들이 군대 가는 것을 금

---

* 보통 이슬람교의 경전을 '코란'이라고 부르는데, 이것은 서양인들이 이슬람교를 낮추어 보고 만든 용어라 택하지 않았다. 대신 원발음에 가까운 '꾸란'을 사용한다.
** 사실 종교학에서는 이단이라는 말 자체를 사용하지 않는다. 한 교단의 잣대로 다른 교단을 판단해서는 안 되기 때문이다

하고 있다. 국기에 대한 경례의 거부나 교련 훈련 거부 등도 이 교단에서 권하는 것이지만 우리의 논지에서 벗어나니 그것에 대해서는 논하지 말자. 어떻든 이 교단의 젊은 남자들은 군대에 가는 대신 대체복무를 해줄 것을 끊임없이 정부에 요구해 왔다.

그런데 이런 요구에는 문제가 있다. 만일 내가 종교를 창시해 신으로부터 계시를 받았다고 하고 그 내용을 경전으로 기록했다고 하자. 그런데 그 계시에는 군대는 악의 집단이니 가서는 안 된다는 내용이 있어 내가 세운 종교를 믿는 청년들은 군대에 가면 안 된다고 했다고 하자. 그러면 이것을 사회에서 인정할 수 있을까? 게다가 가정이지만 사람들이 저마다 이런 교리를 가진 종교를 만들어 청년들에게 군대에 가지 말라고 하면 도대체 이 사회는 어찌 될까? 이들이 모두 다 자신의 종교적인 신념을 인정해 달라고 하면 과연 누가 군대에 가려고 할까? 이들의 주장에서 문제가 되는 것은 보편성이 떨어진다는 것이다. 그래서 이들이 주장하는 그대로 인정하기가 힘든 것이다. 따라서 이런 시각에서 볼 때 자신이 믿는 종교의 경전에 어떻게 쓰여 있는가는 진리 여부를 판가름하는 보편적인 증거가 될 수 없다.*

불교의 경우

이런 그리스도교의 상황에 비해 볼 때 불교의 경우는 조금 단순하다. 붓다는 처음부터 브라만 같은 신적인 존재를 거부했기 때문에 빌고 말고 할 것이 없다. 붓다는 오로지 자신의 이성적인 판단에 의거해 모든 것을 판단하라고 가르쳤다.

그러나 세월이 흘러가면서, 특히 대승불교로 발전하면서 양상이 크게 바뀐다. 붓다 자체가 거의 신적인 존재로 격상되었고 가상의 존재인 보살들이 나타나기 시작했다. 불교도들은 자신들의 소원을 빌 대상으로 붓다나 보살들을 만들어 낸 것이다. 이 가운데에서도 붓다는 특히 두 가지 조건만 빼놓고 그리스도교나 이슬람의 신과 똑같은 위치를 획득하게 된다. 두 가

---

*   종교적 양심을 이유로 군 입대를 거부하고 대체복무를 주장하는 종교의 신자(청년)들에 대한 대체복무를 불허한 병역법을 2018년 헌법재판소에서 헌법불합치 판정을 받아 대체복무의 길이 열린 바 있다. 그러나 이것은 그 종교 교리와 종교적 양심의 보편성을 헌법적으로 인정한 것은 아니다.

지 조건이란 우주의 창조주라는 것과 인간 사후에 죄를 판정하는 심판자를 말한다.

불교 교리가 아무리 탄력적으로 변모한다 해도 붓다가 이 우주를 만들어 낸 조물주가 될 수는 없다. 그뿐만 아니라 인간이 죽으면 그 길목에 지켜 서서 업보에 따라 극락과 지옥에 할당해 주는 그런 교통정리를 하는 심판관이 될 수도 없다. 그러나 상황이 어떻든 일반적인 불교도들에게 붓다라는 존재는 신도들의 모든 소원을 풀어주는 슈퍼맨이 되어 버렸다. 그래서 아주 다양한 불공법(佛供法)이 등장하게 되었고 불교는 원래의 자력적인 신앙에서 타력적인 신앙으로 변모하고 만다.

불교에 있는 여러 불공 가운데 우리에게 가장 잘 알려진 것을 예로 들자면 심청이 아버지의 눈을 뜨게 하겠다고 불전에 공양미 삼백 석을 바친 것 같은 것이다. 심봉사에게 붓다는 깨달은 사람도 아니었고 중생들을 구제하는 대스승도 아니었다. 그에게 붓다는 그저 얼마간의 정성을 바치면 그만큼 소원을 들어주는 대(大)신령일 뿐이었다. 그런데 사실 이것은 명백히 붓다가 금한 것이다. 붓다는 자신을 우상화하는 것을 극력 꺼려 제자들에게 자신이 죽은 뒤에 상을 만들지 말라고 강력하게 경고했다. 그런 그가 신자들의 모든 소원을 들어주는 슈퍼맨이 된 것이다.

그러나 붓다는 역사적인 인물이고 하나의 개인으로 살다 죽은 사람인지라 누구의 소원을 들어주는 신령과는 아무 관계가 없다. 초기에 형성된 불교의 교리 안에 붓다에게 빌면 소원이 이루어진다고 하는 것과 같은 교리는 눈을 씻고 찾아봐도 없다. 여기에서 심봉사의 예를 들었지만 현대의 일반적인 불교 신도들도 신앙 면에서는 심봉사의 그것과 별 차이가 없다. 현대의 불교도들도 절이나 불전에 무언가를 바치고 소원을 빌면 그 대가를 받을 수 있다고 생각하기 때문이다. 고금을 막론하고 거개의 불교 신자들은 심봉사처럼 붓다를 신이나 신령처럼 생각하고 경배했을 것이다.

그런데 사정은 보살로 오면 더 심각해진다. 일반 불교도들은 붓다보다는 보살, 그중에서도 관음보살을 훨씬 더 가까운 존재로 생각한다. '나무아미타불 관세음보살'이라는 불교의 주문은 한국의 불교도들에게 가장 익숙한 '만트라 주문'인데, 이것을 통해서도 관세음보살이 그들에게 얼마나 친숙한 존재인지 알 수 있다. 불교 교리에 따르면 관음보살은 대자대비한 존재로 중생들을 돕기 위해 항시 대비하고 있다고 한다. 좀 더 구체적으로 보면 이 보살은 천 개의 손과 눈을 가지고 있어 위난에 빠

무신도 속의 붓다와 보살

진 중생들이 그 이름을 부르면 언제고 어디에고 달려가 그들을 살려낸다는 것이다.

그런데 보살이라는 게 무엇인가? 실제로 존재하는 것인가? 법화경 같은 대승경전에는 관음보살과 같은 보살들이 실제로 존재하는 것처럼 나오지만 이것들은 모두 방편으로 설한 것이다. 쉽게 이야기해서 일반 불교도들이 워낙 타력에 익숙한지라 그들이 불교에 관심을 갖게 하기 위해 만들어 낸 허구의 존재가 보살이다. 보살은 다만 상상 속에서만 존재하는 것이다.

굳이 다른 가상적인 존재와 비교해서 말한다면 불교의 보살은 산타클로스와 비슷한 존재라고나 할까? 산타클로스가 허구

혹은 상상 속의 존재라는 것은 누구나 다 안다(그러나 허구의 존재라고 해서 파워가 없는 것은 아니다). 아무리 산타에게 빌어 봐야 그는 절대로 이 물질계에 나타나지 않는다. 생각 속에서만 존재하는 허구의 존재는 물질계에 나타날 수 없을 뿐만 아니라 우리에게 어떤 영향도 끼치지 못한다. 이것은 보살에게도 그대로 적용된다. 보살에게 아무리 빌어 봐야 그들은 육체를 가진 물질적인 존재가 아니기 때문에 이 물질계에는 어떠한 영향도 미칠 수 없다. 만일 보살에게 빌어서 어떤 일이 벌어졌다면 그것은 그 빈 당사자가 행동을 취했기 때문이다. 사정이 이러한데도 일반 불교도들은 존재하지도 않는 허구의 존재인 보살에게 주야로 빌고 있다. 이들은 상상 속에서 붓다는 대신령으로, 보살은 붓다보다는 조금 낮은 급의 신령으로 생각하고 있음이 틀림없다. 이들이 붓다보다 보살들을 더 친숙하게 생각하는 것은 붓다는 워낙 높은 신령이라 떼쓰기가 그렇지만 보살들은 그보다 낮은 존재라 마음 놓고 도움을 청할 수 있다고 생각하는 것 아닌지 모르겠다.

따라서 이렇게 보면 '대중' 불교, 즉 거개의 불교도들이 생각하는 불교는, 좀 기한이 지난 종교학 용어지만 '다신교' 혹은 '일신교'라고 보아도 무리가 없을 것 같다. 다신교란 말 그대로 수

많은 신이 있는 종교를 말하고, 일신교란 기본적으로는 다신교와 비슷하지만 이 수많은 신 가운데 수장에 해당하는 신이 있는 경우에 쓰는 용어이다. 한편, 유일신교는 다른 신을 일절 인정하지 않고 오직 한 신의 존재만 인정하는 경우이다. 불교를 다신교라 한다면 수많은 붓다들(석가불, 아미타불, 약사불 등등)과 수많은 보살들을 동등하게 생각해서 이 모두를 같은 급의 신령으로 간주할 때 붙일 수 있는 이름이다. 반면에 일신교라고 한다면 이 수많은 신령들을 통솔하는 두목으로 석가여래를 지목하는 경우를 말한다. 이러한 생각은 틀릴 것이 없는 게, 대중들에게 있어 불교라는 종교는 부처님이나 보살님들에게 빌어 소원 성취하는 것 이상이 아니기 때문이다. 그런데 이런 태도는 불교의 본령으로부터 한참을 어긋난 것이다. 그리스도교는 그래도 교리에 신을 상정하고 있기 때문에 그 신에게 빌어 복 받는 것이 이상한 일이 아니지만, 불교의 경우에 이렇게 불보살들에게 비는 것은 교리의 근본에서 어긋나는 일이라는 것이다.

이렇게 보면 무교도들이 신봉하는 신령이나 불교도 혹은 그리스도교도들이 믿는 불보살 혹은 신이 모두 신도들이 상상 속에서 만들어 낸 허구의 존재라는 것을 알 수 있다. 그런데 어차피 다 허구의 존재를 신봉하는 것이라면 무교만 두고 우상숭배라고 하는 것이 과연 공정한 것인지 짚어 보아야 한다. 만일 위에서 본 것 같은 양태의 신앙을 우상숭배라고 정의한다면 불교나 그리스도교도 모두 우상숭배의 미신이라고 간주해야 한다. 아니면 이런 신앙을 그저 일반 대중들의 소박한 신행 형태로 간주하자고 한다면 이 세 종교에 다 같은 논리가 적용되어야 하거늘 무교만 우상숭배라고 하는 것은 형평이 맞지 않는다. 그런데 신이나 보살 같은 존재들이 실제냐 허구냐 하는 것도 문제가 되겠지만 설령 존재한다 하더라도 그 존재와 인간 사이에 소통이 어떻게 가능한지도 문제 삼지 않을 수 없다. 쉽게 말해서 우리가 행하는 기도나 헌금(혹은 헌물) 행위가 정말로 신이나 불보살께 전달되는 것일까에 대한 질문이다. 이제 그 문제를 보도록 하자.

초월적인 존재와의 소통

무교에 대한 여러 비판 가운데, '무당이 신령께 정성을 바친다고 잔뜩 제물을 차려 놓고 굿을 하는데 그게 정말로 신령께 전달되는 것인가?' 하고 따지는 것이 있다. 신령이란 문자 그대로 신이라 육체를 갖고 있지 않은데 어떻게 인간들이 먹는 음식을 취할 수 있느냐는 것이다. 아울러 무당들은 신령을 기쁘게 하고 그들과 교통하기 위해 춤과 노래를 하는데 그게 신령에게 정말로 전달되는지 어떻게 아느냐는 것도 포함될 수 있겠다. 그리고 굿을 해서 어떤 일이 뜻대로 되었다면 그게 정말 굿을 해서 그런 건지 어떻게 아느냐는 것도 같은 맥락에서 던질 수 있는 질문이다.

그런데 똑같은 질문들을 불교나 그리스도교에도 던질 수 있다. 일반적인 그리스도교도들은 바이블의 구절인 "두드리면 열리고 구하면 얻을 것이다"라는 구절에 따라 기도를 절실히 하면 신이 그 기도를 듣고 소원을 들어준다고 믿고 있다. 그런 그들에게 "당신의 기도가 도대체 어떤 경로로 신에게 전달이 되는 것이냐?"라고 물으면 그들은 "신은 가장 큰 영적 존재이기 때문에 우리의 기도를 다 들어 주신다"라고 대답할 것이다.

그러나 이것은 무슨 확실한 인과관계가 있어서 주장하는 것이 아니라 모두 짐작이며 추정에 불과한 것이다. 내 기도가 정말로 신에게 전달되는지 아닌지는 객관적인 현상으로 확인할 수 없는 믿음의 영역에 속한 문제이지, 과학적인 지식이 될 수 없다. 우리는 왕왕 "믿음의 영역에 속한 것에 대해서 다른 사람이 뭐라 해서는 안 된다. 그의 믿음은 있는 그대로 존중되어야 한다"라고 말하는 것을 들을 수 있는데, 이것은 종교학의 가장 기본적인 태도이기도 하다. 그런데 이런 태도를 상대방에게도 적용하면 아무 문제가 없을 텐데 사람들은 이것을 자기 믿음에만 적용한다. 그런데 자기 믿음을 존중받으려면 다른 사람의 믿음도 존중해야 한다. 이 논리를 확장하면 그리스도인들이나 불교인들이 자신의 믿음을 존중받으려면 무당들이 신령들에게 기도하는 것도 응당 존중해야 한다는 것이다.

지금까지 검토한 논리는 예배나 미사를 볼 때 행하는 찬양에도 적용할 수 있다. 그리스도교의 예배에서 찬양 혹은 찬송은 매우 중요한 역할을 한다. 그래서 신구교를 막론하고 그리스도교에서는 의례를 위한 찬양 음악이 대단히 발달해 있다. 아니, 그들의 종교 의례에서 음악을 빼면 아무것도 남지 않는다고 할 수 있을 정도로 음악은 중요한 위치를 점하고 있다. 예배를 볼 때 교인들은 바이블 구절을 읽은 다음에 찬송가를 부르면서 하늘에 계신 신께 찬양을 바친다. 이것은 매우 정형화된 순서인데 이렇게 자연스럽게 보이는 데에도 많은 의문이 생긴다.

우선 노래를 하는 것이 왜 신을 찬양하는 것인지에 대해서부터 물어야 한다. 그리고 인간이 노래한다고 그 노래가 신에게 어떤 통로로 전달될 것이며 설령 전달된다 해도 그 노래를 들고 신이 좋아할지 어떨지 어떻게 아느냐고 물어야 한다. 이런 질문들에 대해 확실히 그렇다고 말할 만한 근거는 어디에도 없다. 그저 인간들이 그럴 것 같다고 생각하기 때문에 그렇게 하는 것뿐이다. 이것 역시 믿음의 영역에 속하는 것이지, 논리의 영역에 속하는 것이 아니다. 따라서 다른 사람들이 비슷한 행위를 할 때 그것을 자신 마음대로 재단(裁斷)할 만한 근거는 어디에도 없다. 그런데 자신들이 하면 종교적인 행위이고 무당들이 하면 미신적인 행위가 된다. 이것은 논리적으로 모순되고, 무엇보다 형평성이 어긋나는 것이라 할 수 있다.

그래도 기도는 마음으로 전하는 것이니 이해할 수 있다고 치자. 영적으로 통할 수 있다고 하면 그래도 이해는 되기 때문이다. 문제는 물질 혹은 돈이다. 그리스도교도들은 반드시 교회에 헌금을 하는데, 물질인 이 돈이 어떤 경로를 통해 신에게 전달되는지에 대해서 의문을 품는 교인들은 그다지 눈에 띄지 않는다. 그저 막연하게 어떤 무엇인가가 전달될 거라고 믿고 그냥 바치는 것이다. 의문은 그다음에도 생긴다. 신이 그 많은 신도들의 헌금 행위를 어찌 다 기억해 그 모두에게 응답하는지를 어떻게 알 수 있을까 하는 것이 그것이다.

교회에서 목사들이 신도들에게 설교하면서 헌금을 하면 반드시 '하나님'이 기억하셔서 응답을 주신다고 한다. 그러나 그게 어떤 경로를 거쳐 구체적으로 되갚음이 오는지에 대해서는 확실한 답을 내놓지 못한다. 그저 신은 전지전능하기 때문에 무엇이든 알고 있고 무엇이든 할 수 있다고 설명할 뿐이다. 그러나 여기서도 우리는 같은 질문을 던질 수 있다. 신이 전지전능한지 어떻게 알 수 있느냐고 말이다. 더 나아가서 신이 진실로 전지전능하다면 있을 수 없는 일이 너무나도 많은데 어떻게 그렇게 말할 수 있느냐고 반문할 수도 있다. 이런 질문이 진부하기는 하지만, 신이 전능하다면 왜 아무 죄 없는 어린 여자아이가 유괴되어 성폭행을 당하고 처참하게 죽어야 하는지와 같은 질문에 대해서는 어떻게 설명을 할 수 있을까.

그러면 이럴 때마다 돌아오는 답변이 있다. 신의 뜻은 오묘하기 때문에 인간의 머리로서는 알 수 없다는 것이 그것이다. 여기까지 오면 우리는 할 말을 잃어버린다. 지금까지 질문했던 것에 대한 논쟁을 모두 끝내야 하기 때문이다. 왜냐하면 신의 뜻은 알 수 없다고 저쪽에서 이미 말했으니 이제 어떤 말도 할 수 없게 되는 것이다. 알지 못하는 것에 대해서는 어떤 말도 할 수 없기 때문이다. 따라서 자기 신앙에 대해서든 남의 신앙에 대해서든 어떤 말도 할 수 없다.

같은 질문은 불교도들에게도 던질 수 있다. 앞에서 본 심봉사의 예로 돌아가서 살펴보자. 잘 알려진 것처럼 심봉사는 공양미 삼백 석을 불전에 바치고 눈을 뜨려 했다. 여기서도 우리는 그리스도교에 던진 질문과 같은 질문을 할 수 있다. 즉 불전에 공물을 바치면 그게 붓다에게 전달되는지 어찌 아느냐는 것이다. 우선 그런 걸 받는 붓다가 존재하는지 않는지 그것부터가 확실하지 않다. 설혹 그런 붓다가 존재한다 해도 정성스레 바친 공양이 그에게 전달되는지 어떤지 어찌 알겠는가? 한 걸음 양보해서 그 공물이 존재한다고 믿어지는 붓다에게 전달된다고 하더라도 붓다가 그 공물에 대해 어떤 반응을 보일지 어찌 알겠는가. 이런 모든 일 가운데 명확한 것은 하나도 없는데 그들은 아무 생각 없이 공물을 바친다.

그런데 실상은 다음과 같은 것 아닐까? 심봉사가 바친 쌀은 분명 그 절 승려들이 먹든지 혹은 내다 팔든지, 아니면 그와 유사한 방법으로 처리될 것이다. 이것만이 확실한 사실이고 다르게 전개될 가능성은 없다. 그런데 이러한 명확한 사실은 애써 외면하고 전혀 알 수 없는 가상의 현실, 즉 붓다가 그 쌀을 받을 거라는 허망한 사실만 믿는다. 그리고 앞에서 본 것처럼 붓다가 쌀을 받았다는 것을 인정하더라도 도대체 그가 어떤 방법으로 소경의 눈을 뜨게 할 수 있다는 건지 그것을 알 수 있는 방법이 전혀 없다.

사실 굳이 심봉사의 예를 들 필요도 없다. 이 장의 맨 앞에서 든 예처럼 수능에서 좋은 점수를 받아 자식이 원하는 대학에 합격하기를 바라면서 돈을 헌금(시주)하고 절을 하는 주부의 경우도 마찬가지이다. 불상에 절하고 돈을 내는 것과 자식이 좋은 대학에 합격하는 사건 사이에는 아무런 인과관계도 없다. 다만 '내가 이렇게 정성을 바치면 부처님이 굽어살피겠지' 하는 전혀 증명할 길이 없는 믿음 하나만 가지고 절을 하고 돈을 내는 것이다. 아무 근거도 없는 사건을 믿는 것은 어리석기 짝이 없는 맹신에 불과하다. 사정이 이러한데도 그들은 무당이 비는 것은 미신이고 자신들이 하는 행위는 정신(正信)이라고 생각한다. 미신이면 다 미신이고, 정신이면 다 정신이지, 하나는 맞고 하나는 틀리는 그런 것은 없다.

맹신 혹은 유치한 신앙의 폐해

기실 이런 신앙 자체가 문제 되는 것은 아니다. 우리 역시 이런 신앙을 가진 적이 있다. 어린 시절에 가졌던 신앙이 바로 이것으로, 쉽게 말해 다소 유치한 수준의 신앙이라는 것이다. 이 정도는 대체로 초등학교 저학년 이하의 신앙이라고 할 수 있다. 이때는 인과적인 사고보다는 주술적인 사고로 세상을 파악한다. 그래서 산타클로스의 이야기도 전혀 의심 없이 사실로 받아들인다. 이때에는 이런 사고방식이 어울린다. 그러나 사춘기를 지나 어른으로 성장한 뒤에도 이런 수준에 머물러 있는 것은 곤란하다. 사람들은 어른이 되면서 일정 수준의 추론 능력이나 인지 능력을 발전시킨다. 따라서 신앙의 수준도 이것과 비례해 발전시켜야 하는데 많은 사람들은 이것에 성공하지 못한다.

이에는 여러 이유가 있을 수 있겠다. 우선 사람들이 논리를 가지고 따지는 추론 능력을 제대로 발전시키지 못했다는 것을 들 수 있겠다. 엄밀히 말하면 이런 능력을 제대로 발전시킨 사람은 주위에 그다지 많지 않다. 그동안 한국 사회는 이런 능력을 제대로 발전시킬 수 있는 환경을 만들지 않았다. 그 결과 한국 사회는 이성적으로 사고하는 수준이 그다지 높지 않은 사회가 되었다. 그래서 한국인들이 일상적인 인지 능력은 어느 정도 갖추었지만 신앙 쪽으로 가면 여전히 초등학생 수준에 머무르게 된다. 쉽게 말해서 겉은 어른이지만 속은 어린아이라는 것이다!

그다음의 이유로는 동조(同調) 현상을 들 수 있겠다. 종교에서 말하는 교리가 아무리 비이성적이더라도 수많은 사람들이 믿고 있으면 당사자가 동조 현상을 일으켜 비합리적인 것을 믿어 버리게 되는 경우가 적지 않다. 종교에서 말하는 것이 틀린 줄은 알지만 이른바 '왕따' 당하기 싫은 나머지 다른 사람들이 믿는 것을 같이 믿게 되는 것이다. 그런데 사정이 어찌 됐든 이런 맹신은 사회적으로 좋지 않은 폐해를 낳을 수밖에 없다.

그러한 폐해에 대해서는 단행본으로도 묘사하기가 부족하지만 여기서는 성직자들의 호화 생활에 대해서만 초점을 맞추기로 하자. 승려나 사제들이 분에 넘치는 호화 생활을 하는 것은 어제오늘의 문제가 아니다. 고가의 외제 승용차를 타고 다니면서 오히려 '한국 사람은 외제 쓰는 것에 지나치게 예민하다.'라고 큰소리치는 승려나, 세금은 한 푼도 안 내고 교회 돈으로 외국을 제집 드나들 듯이 다니는 목사들에 관한 이야기는 인구에 회자된 지 오래되었다. 이들이 이렇게 호화로운 생활을 할 수 있는 것은 말할 것도 없이 신도들이 돈을 주었기 때문이다.

그런데 성직자가 이와 같은 호화로운 생활을 하는 것이 불교나 그리스도교의 교리에 어긋난다는 것은 두말할 필요도 없다.

불교의 경우 승려가 지켜야 하는 계율을 보면, 승려는 돈을 소지하지 못하거나 소지해도 절대로 못 만지게 하는 계율이 있다. 이것은 인간의 욕망을 근저에서 소멸시켜 버리려는 불교의 간절한 바람이 담긴 것이라 할 수 있다. 돈이란 인간의 욕망이 적나라하게 표현된 것이기 때문에 이런 것에 가까이 가는 것을 애초에 근절해 버리려는 간절한 시도라는 것이다. 그래서 계율을 중시하는 남방 불교 이야기를 들어 보면, 동남아시아 어떤 국가에서는 승려들이 멀리 갈 일이 있으면 신도 한 사람이 따라간다고 한다. 승려들은 돈을 만질 수 없기 때문에 신도가 승려의 교통비와 숙식비를 챙겨 가는 것이다. 이것보다 조금 완화된 경우로는 승려가 돈을 소지하는 것은 인정하지만 만지는 것을 금하는 경우가 있다. 이 경우에는 승려가 시장에서 물건을 살 때 돈을 직접 만지지 않기 위해 지갑만 열어 주어 상인이 돈을 꺼내가게 한다고 한다. 원래 불교는 돈에 관해서 이렇게 엄격했는데 이에 비추어 보면 현대 한국의 일부 승려들이 누리는 호화로운 물질적인 생활은 도가 지나쳐도 한참을 지나친 것이다.

그리스도교도 사정은 그리 다르지 않다. 한마디로 말해 이 종교는 모든 것을 가난한 이웃에게 내주라는 것이 주된 모토(motto)이니 목사는 부자로 살 수 없다. 이 정신에 대해서 복음서는 이렇게 전하고 있다. 어떤 부자 청년이 예수에게 와 영생할 수 있는 법을 묻자 예수는 우선 계율을 지키라고 권한다. 이에 대해 청년은 이런 것들은 어렸을 때부터 모두 지켜 왔다고 답했다. 그러자 예수는 한 가지 빠진 게 있다고 하면서 참으로 하기 힘든 일을 명한다. 즉 청년이 가진 전 재산을 팔아 가난한 사람을 주라는 것이었다. 그러자 청년은 실망을 가득 안고 돌아간다. 이렇게 청빈은 그리스도교의 핵심이라 할 수 있다.

이런 정신은 복음서 곳곳에서 발견된다. 예를 들어 "겉옷을 달라고 하면 속옷까지 주고, 오 리(五里)를 가자고 하면 십 리를 같이 가라." 하는 것은 대표적인 격언이라 할 수 있다. 이것을 실천한 사람은 말할 것도 없이 예수이다. 복음서에 그가 남겼다는 말을 보면 "여우도 동굴이 있고 새도 보금자리가 있지만 자신에게는 머리 둘 곳조차 없다"라는 표현이 있는데 이것 역시 그의 청빈 정신을 잘 보여주는 대목이라고 하겠다. 따라서 이런 정신에서 보면 일부의 목사들이 누리는 호사는 형용할 길이 없는 반기독교적인 작태라 아니 할 수 없다.

불교나 그리스도교 모두 핵심 교리로 청빈을 강조하는데, 현실 세계에서는 왜 정반대의 일이 다반사처럼 생기는 것일까? 그것은 일차적으로 신도들이 돈을 갖다 바치기 때문이라 할 수 있다. 그러면 신도들은 왜 그렇게 죽어라 하고 헌금을 하는 것일까? 그들의 논리는 어찌 보면 간단하다. "나는 이 돈을 스님이나 목사님한테 내는 게 아니고 부처님이나 하나님께 내는 것이다."라는 것이 그것이다. 이런 식의 사고에 문제가 많다는 것은 앞에서 이미 밝혔다. 그런데 그들도 이 돈이 현실 세계에서는 부처님이나 하나님에게 가는 것이 아니라 승려나 목사의 호주머니 속에 들어가 그들이 뜻하는 대로 쓰일 것이라는 것을 모르지 않는다. 그러나 그들은 이 사실에 대해서는 애써 외면하고 '나는 내가 낸 돈만큼 복만 받으면 된다. 그 돈 가지고 스님이나 목사님이 어떻게 쓰든 관계없다'라고 생각하는 것처럼 보인다.

이렇게 해서 이 쌍방의 사람들, 즉 성직자와 신도들은 서로를 타락시키고 있는 것이다. 지성적인 사고 없는 이런 맹신은 현실에서 끊임없이 좋지 않은 결과를 양산하고 있다. 이것은 무당의 경우보다 더 나쁘다고 할 수 있다. 이들이 허상의 존재에 기도하고 공물을 바쳐서 복을 받으려는 '미신적인' 태도는 구조적인 면에서 무당이 신령들에게 하는 일과 같다. 여기까지는 같다. 그런데 이 기성 교단의 신자들은 성직자들에게 분에 넘치는 부를 안겨 줌으로써 그들을 조직적으로 타락시킨다. 그래서 더 나쁠 수 있다는 것이다. 한국 무교의 신자들은 무당에게 이렇게 조직적으로 돈을 헌납하지는 않는다. 굿이나 점 보는 비용 외에는 더 지급되는 것이 없다. 목사들에게 하는 것처럼 사택이 제공되고 차와 운전사가 배당되고 자녀 교육비가 책정되고 하는 그런 것이 일절 없다. 무당들은 자신의 능력에 따라 돈을 벌 뿐이다. 조직이 없으니 개인의 능력에만 의존해 일(점, 굿)한 만큼한다. 그래서 돈 많은 승려나 목사에 관한 이야기는 많이 들었어도 부자 무당 이야기는 잘 들리지 않는다. 그런데도 문제가 생기면 무당들은 다 도매금으로 넘어가지만 기성 교단의 사제들에 대해서는 언론에서 잠깐 다루고 그걸로 끝이 난다.

종교 신앙은 일반적으로 다 같다

고등 종교와 기층 종교의 차이란?

지금까지 일별해 본 것을 통해 우리는 그동안 우리가 막연하게 '고등' 종교로 생각하고 있던 불교나 그리스도교를 믿는 신자들의 신행 행태가 무교의 그것과 다르지 않다는 것을 알 수 있었다. 각각이 숭배하는 대상만 다를 뿐, 그 구조는 똑같았고 내용 역시 모두 주술적인 기복신앙뿐이었다. 그리스도교를 믿든 불교를 믿든, 혹은 무교를 믿든 그 신앙의 내적인 구조나 내용은 똑같다는 것이다. 이런 사실을 통해 우리는 어떤 종교가 저급이다, 고등이다 하는 구분이 잘못된 것임을 알 수 있다. 이름만 가지고 어떤 종교가 미신이다 아니다를 따지는 게 의미가 없다는 것이다.

이것을 좀 다르게 말하면, 불교나 그리스도교 같은 이른바 고등 종교에도 '미신'적인 요소가 있고 미신이라고 하는 무교에도 '고등' 종교 같은 요소가 있다는 것이다. 불교나 그리스도교에 나타나는 주술적인 요소는 지금까지 많이 보았고 무교에서 보이는 '고등적인' 요소도 부분적으로 보았다. 무교도 그 근본 목적을 들어 보면 신령을 잘 모시고 어려운 사람을 돕자는 것인데 이런 것이야말로 고등적인 요소라 할 수 있지 않은가. 우리는 이 대목에서 다음과 같은 뻔한 질문을 던질 수 있다. 즉 '그리스도교도 신자와 불교도가 사랑과 자비 같은 그들 종교의 고등 덕목을 제대로 실천하고 있다면 한국 사회가 이렇게 살벌할 수는 없지 않겠는가?' 하는 질문 말이다. 이 종교의 신자들을 다 합하면 전 국민의 거의 절반 정도가 되는데 이들이 정말로 덕스러운 신앙생활을 한다면 우리 사회가 이렇게 될 수가 없기 때문이다. 단도직입적으로 말해 이 종교의 신자들은 대부분 진정한 의미에서 불교나 그리스도교를 믿는 게 아니라 앞에서 본 것처럼 종교를 이용하여 자기 잇속만 챙기는 구복주의자일 뿐이다.

그러면 어떤 이유로 인해 어떤 신앙은 미신으로 취급되고 어떤 신앙은 정통으로 우대를 받는 것일까? 이것은 우선 그 종교 교리가 갖고 있는 진리의 보편성, 혹은 진리성의 함유도(含有度)와 상관관계가 깊은 것으로 생각된다. 그러니까 그 종교의 가르침이 사랑이나 자비, 지혜, 정의, 초월, 자유, 불멸 등과 같은 보편적인 덕목을 얼마나 함유하고 있느냐는 것이다. 달리 표현해서 각 종교 교리의 핵심에 이런 덕목들이 들어 있는가 하는 문제이다. 이런 시각에서 볼 때 지금 '세계 종교'로 되어 있는 불교나 그리스도교, 이슬람교는 분명 이런 보편 덕목이 핵심 가르침으로 되어 있는 것을 알 수 있다. 이런 보편성을 띤, 혹은 표방하는 종교는 세계 종교가 되는 데에 문제가 없다. 그러니까 이런 종교들은 세계 어느 나라에 전파되어도 '먹혀들어간다'는 것이다. 보편성을 갖추고 있기 때문에 해당 지역의 문화와 생기는 마찰을 소화하고 그 문화와 섞이면서 새로운 종교문화를 만들어 낼 수 있는 것이다. 그래서 그리스도교가 아프리카에도 전도될 수 있었고, 이슬람교가 동남아시아에도 전교되어 성공할 수 있었다.

그러나 덕목의 보편성이 상대적으로 떨어지는 가르침은 자기 지역을 한 걸음도 벗어나지 못하게 된다. 가장 비근한 예로 우리는 일본의 신도 같은 지역적인 특수 종교를 들 수 있다. 일본의 신도는 다른 나라에는 절대로 전교될 수 없다. 왜냐하면 신도는 일본을 창조한 아마테라스 오미카미(天照大神)를 비롯해 수많은 일본의 민간 신을 신봉하기 때문이다. 신도는 범지구적인 보편성이 거의 없다고 해도 과언이 아니다.

그런데 이와 같은 보편성이 없지는 않지만 문화적인 특수성이 강해 다른 지역에는 전교되지 않는 종교가 있다. 이런 유형의 종교 가운데 대표적인 것으로 유교를 들 수 있다. 유교는 분명 세계 종교다운 보편성을 갖고 있다. 그러나 효, 즉 아버지와 아들 사이의 관계를 지나치게 강조하는 교리 때문에 부자 관계가 중시되지 않는 문화권에는 전혀 먹히지 않았다. 예를 들어 서양은 부부 관계가 중시되고, 아랍은 형제 관계가 중시되는 가족 문화를 갖고 있기 때문에 효의 가르침인 유교는 이 지역에서 전혀 전파되지 않았다. 그래서 유교는 중화문명권에 속하는 동북아 삼국, 즉 중국, 한국, 일본과 일부 동남아시아 권에만 국한되는 가르침이 되었다.

이런 관점에서 볼 때 무교는 보편성이 잘 갖추어진 세계 종교라기보다는 '원시' 종교 쪽에 가깝게 보이는 게 사실이다. 무교는 보편적인 덕목을 강조하기보다는 그 교리가 신령에게 공물을 바쳐서 지금 여기서 내가, 혹은 우리 가족이 어떤 물질적인, 그리고 그 밖에 건강이나 합격 같은 현실적인 이익을 얻을 것인가에 집중되어 있기 때문이다. 확실히 불교나 그리스도교 같은 고등 종교 입장에서 보면 무교는 저급한 신앙으로 보일 수 있다. 보편성의 밀도가 떨어지기 때문이다. 그러나 불교나 그리스도교도 본래의 가르침은 보편성이 뛰어나다고 할 수 있을지 몰라도 앞에서 누누이 본 것처럼 그 종교를 믿는 거개의 신자들이 보여주는 신행 형태는 무교 신자들의 그것과 다르지 않았다. 그런데 이보다 더 문제가 되는 것은 무교 안에 있는 보편적인 요소들이 무시되었다는 데에 있다. 무교는 처음부터 아예 미신으로 낙인이 찍혀 있었기 때문에 그 안에 있는 고등적인 요소들마저 인정받지 못했다. 이런 태도는 공평한 것이라고 할 수 없다.

무교가 미신의 굴레에서 벗어날 수 없었던 데에는 또 다른, 아주 단순한 이유가 있다. 권력 싸움에서 우위를 점하지 못했기 때문이다. 역사를 보면 무교는 계속해서 권력과의 거리가 멀어졌기 때문에 미신으로 취급받을 수밖에 없었다. 불교나 유교가 중국에서 들어오기 전까지 무교는 미신으로 천대받은 적이 없다. 아니 무교는 오히려 당시의 보편 신앙이었다. 그러나 불교나 유교 같은 수입 종교가 권력과 결탁하여 세력을 형성하기 시작한 다음부터 '무교는 미신'이라는 비난을 피해 갈 수 없었다. 게다가 다수가 이 종교들을 믿게 되면서 또 그 힘에 밀릴 수밖에 없었다. 원래 종교적 신념이라는 게 따로 있는 게 아니다. 권력을 잡은 많은 사람들이 힘으로 밀면 그것이 진리가 되는 것이다. 이렇게 해서 이 종교가 진리가 되면 소수의 종교라 할 수 있는 무교는 비진리 혹은 미신으로 전락하게 된다.

일정한 종교에서 교리가 형성되어 가는 과정을 보아도 그런 모습을 볼 수 있다. 예를 들어 그리스도교에서 말하는 '예수가 신'이라는 교리는 밖에서 보기에는 이상하지만 그리스도교 내부에서는 의심해서는 안 되는 아주 정통적인 교리이다. 이상하게 보인다고 하는 이유는 힌두교나 불교 같은 동양 종교에서는 사람이 신의 화신은 될 수 있지만 사람 자체가 그대로 신이라고 하지는 않기 때문이다.

그런데 예수도 처음부터 신인 것은 아니었다. 그리스도교 역사 초기를 보면 '예수가 신이다, 아니다' 하는 많은 논쟁이 있었는데, 313년 니케아 종교회의에서 예수는 신이 되었다. 예수는 사람들로 인해 신이 된 것이다! 그 이유는 아주 간단했다. 이 교리를 주장한 파가 다수파인지라 '예수는 신이 될 수 없다'라고 주장한 소수파보다 더 강한 권력을 갖고 있었기 때문이었다. 그 뒤로 예수가 신(동시에 인간)이라는 교리는 2천 년 동안 한 번도 의심을 받아 본 적이 없는 정통의 설이 된다. 이와 같이 어떤 종교나 교리가 정통인지 아닌지를 판가름하는 것은 확실한 기준이 있는 것이 아니라 힘의 소지 여부에 따라 결정되는 경우가 많았다.

이전에 무교를 믿은 사람이 적은 것이 아니었다. 과거에 얼마나 많은 사람들이 무교적인 세계관에 따라 살았느냐고 묻는다면 아마도 극소수의 인텔리층을 제외하고는 다 그렇다고 할 수 있다. 그런데도 왜 무교 신자들은 소수의 위치에 있을 수밖에 없었을까? 그것은 그들에게 세(勢)를 형성할 만한 조직이 없었기 때문이다. 앞에서 언급한 것처럼 무당들이 모시는 신령은 무당마다 다르기 때문에 하나의 일관된 조직을 가지는 것이 불가능에 가까운 일이었다. 그리고 신령들도 위계질서가 잘 보이지 않을 뿐만 아니라, 선악 체계도 불분명해 이 신령들을 수평적·수직적으로 일원화할 수 있는 큰 구도도 만들 수 없었다. 게다가 일반 신도들의 경우에는 모두 각기 다른 조상령을 갖고 있으니 이것을 하나의 조직으로 묶는 일은 애당초 그른 일이었다.

이처럼 조직이 제대로 되어 있지 않은 집단은 구성원이 아무리 많아도 힘을 가질 수 없다. 이 상황은 현대에도 적용된다고 했다. 현대 한국인들이 신봉하는 종교의 사제 가운데 가장 많은 것이 무당임에도 불구하고 이들이 힘을 거의 발휘하지 못하는 것은 이들에게 체제가 잡혀 있지 않기 때문이라고 했다. 불교나 그리스도교와 같은 기성 종교처럼 확실한 경전이 있는 것도 아니고 전국적으로 통일되고 일관된 사제와 신도 조직이 있는 것도 아니다. 또 무교는 교리가 다양한 것 같아도 '어떤 중심 교리를 믿는다'와 같은 확실한 교리 체계가 있는 것도 아니니 무당들과 신도들의 중앙집권적인 체제가 나올 수 없는 것이다. 인간 사회에서는 만일 조직이 없다면 그것은 힘이 없다는 것과 같은 소리이다. 한국 무당들은 모래알 같은 존재라 결집된 힘을 발휘할 수 없었다.

그저 권력으로 판가름 날 뿐

이 문제를 조금 각도를 달리해서 보자. 앞에서 언급하지 않은 것은 아니지만 이른바 고등 종교들이 설하는 교리들이 보는 시각에 따라 얼마나 터무니없게 들릴 수 있는가를 말이다. 불교의 예를 먼저 들어 보자.

불교 교리 가운데 정토종의 교리는 전통적으로 불교도들에게 매우 인기가 있는 것이었다. 그런데 그 교리가 어떤가? 아주 간단하게 보면, 법장이라는 비구가 수도를 해 아미타불이라는 부처가 되었는데 그 뒤로 신도들이 '나무아미타불'이라고 외우면 누구든지 극락왕생할 수 있게 되었다는 것이 그것이다. 그런데 그 극락 서방정토란 것이 어디 있는가 하면, 서쪽으로 수십 억 유순(由旬) 떨어져 있단다. 이렇게만 말하는데 이때 말하는 거리의 단위인 유순이 현재 우리가 쓰는 킬로미터(km)로 얼마나 되는 것인지는 확실하게 가르쳐 주지 않는다. 아마 아는 사람이 아무도 없기 때문일 것이다. 또 그 수량도 수십 억인지 그냥 수 억인지 문서마다 다르기 때문에 통일성이 없다. 그냥 전대에 그렇게 말했기 때문에 아무 생각 없이 앵무새처럼 그것을 답습할 뿐이다. 따라서 진짜 거리는 아무도 모른다.

문제는 그뿐만이 아니다. 이 극락은 주지하다시피 서쪽에 있는 까닭에 서방정토로 불린다. 그런데 이 광활한 우주에서 서쪽이란 게 도대체 무슨 의미가 있을까? 사방이라는 개념은 남북극이 있는 지구에서나 통용되는 것이다. 지구는 아래위로 남북이 결정되니까 동서 역시 자동적으로 결정된다. 그러나 이런 기준이 없는 우주로 나가면 지구의 방위 개념은 아무짝에도 쓸모없는 것이 된다. 따라서 이런 상황에서 서쪽에 'pure land(정토)'가 있다고 하는 것은 현실적이든 신화적이든 아무 근거도 없는 것이 된다. 그런데도 불교도들은 이런 교리에 대해 별 의문을 갖지 않는다. 이유는 간단하다. 권위를 가진 경전에 씌어 있고, 고명한 승려들이 설법한 것이기 때문이다.

정토종 교리는 그래도 이해할 만하다. 신도들의 신심을 끌어내기 위한 방편설로 볼 수 있기 때문이다. 그러나 거개의 신자들은 이 교리를 방편설로 보기보다는 사실로 받아들이는 경향이 강하다. 이것을 사실로 믿는 것은 그래도 괜찮은데 다음의 경우는 그야말로 가관이다. 맹신의 극치를 이루기 때문이다.

불교 설화에 의하면 3천 년 만에 한 번 핀다는 '우담바라'라는 꽃이 있다. 이 꽃이 피면 매우 상서로운 일이 벌어지기 때문에 불교도들은 이 꽃이 피기를 기원한다. 그러나 이 이야기는 단지 설화에 불과하기 때문에 우담바라는 실제로는 나타날 수 없다. 이것은 마치 봉황이나 용이 가상의 동물인 까닭에 현실에서는 절대로 나타날 수 없는 것과 같은 것이다. 그런데 일전에 일군의 불교 신자들이 이 우담바라가 진짜 나타났다고 주장하기 시작했다. 사건은 서울 근교에 있는 어느 절에서 비롯됐다. 이 절에 있던 철제 불상에 꽃처럼 보이는 이상한 물체가 포착됐다. 그 절 신도들은 이 꽃처럼 보이는 물체를 보자마자 이것이 바로 전설로만 전해지는 우담바라라고 하면서 환호작약했다. 사람들이 몰려오고 승려들은 특별 예불을 하고 난리가 났다. 이제 상서로운 일이 벌어지기를 기다리기만 하면 됐다.

그런데 한 생물학 전공 교수가 이 소식을 듣고 조사해 보더니 이것은 꽃이 아니라 어떤 곤충(풀잠자리)의 알이라고 주장했다. 그는 이 분야에 전문가인지라 정확한 의견을 개진한 것이리라. 상식적으로 보면 논란은 그것으로 끝나야 한다. 이런 사안에서는 만 명의 비전문가들보다 한 명의 전문가가 정확하기 때문이다. 그가 그렇게 말했으면 그것을 진실로 알고 그때까지 행한 작태를 멈추어야 한다. 그런데 일은 엉뚱하게 꼬였다. 그 교수가 수많은 불교도로부터 거의 테러 수준에 가까운 인신공격을 받았기 때문이다. 이 꽃을 우담바라라고 철석같이 믿고 있던 불교도들은 이 교수에게 '그건 우담바라 꽃이지 절대로 곤충알이 될 수 없으니 입 닥치고 있으라'라고 마구 욕을 해댔다.

이 소동에 대해서는 다른 설명도 있다. 즉 이 '꽃'을 불상에 계획적으로 심었다는 것이 그것이다. 어디까지가 사실인지 확인할 길은 없지만 불상을 처음에 만들 때부터 적절한 자리를 찾아 꽃씨를 심어 놓았다는 것이다. 게다가 불상은 고체라 씨의 발아가 불가능할 테니까 이끼를 불상 표면의 특정한 부분에 바르고 거기다 씨를 심었다는 것이다. 그리고 아마 간간이 물을 주었을 텐데 이 정도면 식물이 자라는 데에는 문제가 없었을 것이다.

어찌 됐든 우담바라라는 꽃은 존재하지 않는다! 그러나 사건은 그렇게 쉽게 끝나지 않았다. 사람들은 앞에서 본 불교 신자들처럼 객관적인 현실을 있는 그대로 보려 하지 않고 자신들이 보고 싶은 것만 보려고 하기 때문이다. 그래서 인도 종교에서는 이 세상을 '마야'라고 표현했다. 마야란 환(幻) 혹은 환영(幻影)이란 뜻으로, 여기에는 많은 뜻이 있지만 가장 정통적인 해석은 사람들은 세상을 있는 그대로 보지 않고 자신만의 잣대로 왜곡해서 본다는 것이다. 이것을 조금 다르게 표현하면, 우리는 누구나 다 자기만의 안경을 쓰고 있기 때문에 우리가 보는 외부 세계는 언제나 그 안경에 의해 굴절되어 보인다고 할 수 있다. 그렇기 때문에 우리는 영원히 세상의 참 모습을 볼 수 없다. 그래서 우리는 항상 환상 속에 산다고 하는 것이다! 사정이 그러하니 사람들은 아무리 고등 종교를 신봉해도 여전히 자신만의 안경을 끼고 주술적인 세계에서 살고 있는 것이다.

이것은 보편적인 현상이라 했으니 다른 종교에도 비슷한 예가 없을 수 없다. 그리스도교에도 이런 예가 수없이 발견된다.

가상으로 한번 이렇게 상상해 보자. 지구의 종교에 대해 전혀 알지 못하는 외계인이 그리스도교에 대해 처음 접하게 됐다고 하자. 그의 첫 반응은 어땠을까? 가상이니 우리는 자유롭게 상상할 수 있다. 기실 드는 생각은 아마도 그 외계인은 어리둥절해 하지 않을까? 그리스도교의 기본 교리처럼 되어 있는 것으로 '신이 말씀이 되었다'라느니 혹은 '신이 사람이 되어 우리와 살다 죽었다'라느니 하는 교리부터 이해하기가 힘들 것이다. 그런데 이 신이 인간의 죄를 뒤집어쓰고 온갖 고통을 겪고 십자가에 매달려 죽었다 3일 만에 되살아났다는 건 더 황당할 것이다. 그리고 그 뒤에 나오는 수많은 도그마적인 교리들도 이해하는 데에 상당히 많은 어려움을 겪을 것으로 예상된다.

그 도그마적인 교리 가운데 단연 압권은 지난 2천 년 동안 그리스도교의 중심 교리 역할을 해 왔던 '교회 밖에는 구원이 없다' 혹은 '예수만이 유일한 구세주이다'와 같은 교리일 것이다. 이 교리의 부당성은 간단한 논리적인 사고로 생각해도 알 수 있는 것이다. 그리스도교만이 인간의 구원을 가져다줄 수 있는 유일한 종교라면 우선 그리스도교가 생기기 전에 태어난 사람은 어찌해야 하는가? 이 사람들은 자기 잘못으로 그리스도교를 접할 수 없었던 게 아니지 않는가? 이것은 예수 이후에 태어났지만 여러 가지 요인으로 그리스도교를 접할 수 없었던 사람들에게도 적용된다. 예를 들어 우리나라에 그리스도교가 들어오기 전 고려나 조선에 살았던 우리의 조상들은 자신의 잘못으로 예수를 접하지 못한 것이 아니지 않은가? 접하고 싶어도 지리적인 면에서 원천적으로 봉쇄되어 있었기 때문에 그리스도의 복음을 알 수 없었던 것 아닌가? 이와 같이 예수 이후에 태어났지만 그리스도교를 접할 도리가 없었던 사람들은 도대체 무슨 잘못을 했다고 구원받을 수 있는 기회를 박탈 당해야 하는 걸까?

그런데 그리스도교에서는 그들이 믿는 신이 인간을 평등하고 보편적으로 사랑한다고 주장한다. 이 교리와 '교회 밖에는 구원이 없다'라는 교리는 근본적으로 충돌한다. '예수만이 유일한 구세주'라는 것은 신이 아무 잘못도 없는 사람을 구원 밖으로 쫓아내고 자기를 믿는 그리스도교인들만 편애하는 것이 되기 때문이다. 따라서 그런 신은 전혀 보편적이지 않다. 이 질문은 가장 기초적인 것이지만 신학자를 위시해 거개의 교인들은 대답하기가 쉽지 않을 것이다. 그러면 어디에 문제가 있는 것일까? 그것은 간단하다. '그리스도교에만 구원이 있다' 혹은 '예수만이 유일한 구세주다'라는 전제 자체가 틀린 것이다.

이런 것 외에도 외부적인 시각에서 보면 그리스도교에는 이해할 수 없는 교리가 아주 많다. 아니 이해할 수 없다기보다 교회에서 하는 말을 어떻게 저렇게 순진하게 다 믿을 수 있을까 하는 게 너무 많다. 작은 예를 들어보자. 보통 그리스도교인들은 이승에서 착한 일을 하면 하늘나라 창고에 보화가 쌓인다고 믿는다. 그런데 도대체 이 두 사건 사이에 무슨 인과관계가 있다고 이것을 믿을 수 있는 것일까? 멀쩡하게 눈에 보이는 주식도 어느 날 휴지 조각이 되는데 어떻게 하늘나라의 창고를 믿으라고 하는 걸까? 하늘나라가 있는지, 죽으면 그런 곳에 가는 건지, 거기에 웬 창고가 있다는 건지, 물질세계가 아니라는 하늘나라의 창고엔 뭐가 어떻게 쌓인다는 것인지, 쌓인다 해도 그게 어떤 형태로 얼마나 혹은 어떻게 계산되어서 쌓인다는 건지… 등등 확실한 것은 하나도 없는데 그리스도교인들은 아무 의심 없이 이런 교리들을 믿는다. 이렇게 의문 사항이 많은데 별생각 없이 믿는 그게 기이하다.

그러면 사람들은 앞에서 본 것과 같은 문제 많은 도그마적인 교리를 어떻게 믿게 되는 것일까? 대부분의 경우에 사람들은 신앙을 가질 때 조직과 권력을 가진 다수가 믿는 신앙을 그냥 받아들인다. 이런 사람들에게 진리란 오랜 숙고와 성찰 속에 얻어지는 게 아니고 권력이 센 사람이나 숫자상 많은 사람들이 생각하는 진리가 자신의 진리가 된다. 불교나 그리스도교가 세계 종교가 되는 과정이 바로 그랬다. 물론 이 두 종교는 앞에서 말한 것처럼 그 기본 교리에 보편성이 있기 때문에 세계 종교가 될 수 있었지만 여기에 조직과 힘이 가세되지 않았다면 세계 종교가 될 수 없었을 것이다. 그러니까 교리가 아무리 좋아도 정치적인 파워가 붙지 않으면 그 종교는 세를 얻을 수 없다는 것이다.

불교의 경우를 보면 불교가 세계 종교가 될 수 있는 기초를 깔아준 것은 말할 것도 없이 기원전 3세기에 북인도를 통일한 아소카 왕이었다. 광대한 영역을 통치하는 그가 불교로 개종하고 열렬하게 포교한 덕에 불교가 다수의 종교가 된 것이다. 그리스도교의 경우도 그다지 다르지 않다. 잘 알려진 것처럼 그리스도교가 다수의 종교가 된 것은 4세기에 로마의 국교가 되면서부터였다. 당시 유럽을 대표하는 제국인 로마의 국교가 되면서 그리스도교는 진리의 표석이 되고 그리스도교가 어떤 불합리한 교리를 표방하든지 그것은 로마 제국의 힘으로 진리로 탈바꿈하게 된다. 이와 같이 정치와 결탁하지 않으면 어떤 종교도 다수의 종교가 될 수 없는 것이 이 사바세계의 현실이다.

권력과 결탁하지 못한 한국 무교

　이런 시각에서 보면 한국 무교가 계속해서 미신으로 지탄받는 것은 권력 혹은 정치와 결탁하지 못했기 때문일 뿐이다. 앞에서 본 것처럼 대중적인 차원에 나타나는 신행(信行) 형태는 종교를 불문하고 모두 주술적인 것인데, 무교만이 부당한 대접을 받는 것은 정치적인 문제이지 종교적인 문제가 아니라는 것이다. 행한 악의 규모로 치면 항상 세계의 거대 종교들이 지은 악이 훨씬 더 컸음에도 불구하고 이 종교들은 정통의 자리에 있었기 때문에 미신으로 매도되지 않았다. 가령 어떤 목사가 격한 안수 기도로 병을 고치다가 사람을 죽이면 다만 그 목사가 잘못된 것이지, 그리스도교 자체가 잘못됐다고 하지는 않는다. 또 무리한 헌금을 받아도 여간해서 그 때문에 목사가 검찰에 구속되지는 않는다. 그러나 무당이 잘못된 치료 행위로 사람을 죽이면 무교 전체가 미신으로 매도당한다. 그리고 무당이 신도들에게 무리한 굿을 권해 돈을 갈취하면 그 무당은 구속된다. 같은 미신적인 행위를 해도 사회에서 이 두 종교인을 대하는 태도가 이렇게 다르다.

　하나만 더 예를 들어 보자. 천주교가 중세에 '마녀사냥'이란 광란을 벌여 적어도 50만 내지 200만의 무고한 여성을 잔인하게 죽인 사실을 우리는 잘 알고 있다. 그런데 그것을 가지고 천주교가 미신이라고 하지는 않는다. 어이없는 교리를 가지고 사람을 수십, 수백만을 죽였는데도 천주교 자체나 교리에 문제가 있다고는 하지 않는다. 보통 사회에서는 사람을 한 사람만 죽여도 엄한 벌을 받거늘 종교라는 이름을 등에 업으면 저렇게 많은 숫자의 사람을 죽여도 그 주체인 종교나 그 종교를 믿는 사람에게는 어떤 징벌도 내리지 않는다. 왜 이런 일이 가능했던 것일까? 그것은 간단하다. 이런 일을 한 종교가 사회의 실세이기 때문이다. 강한 힘과 조직을 갖고 있기 때문에 정통의 자리에서 꿈쩍도 하지 않는 것이다(여기서 '한 사람이 미치면 정신병자인데 여러 명이 미치면 종교가 된다'라는 말을 상기해 보자).

그러나 우리 주위에서 무당이 사람을 그렇게 많이 죽였다는 소리를 들어본 적이 없다. 무당은 개인적으로 활동하기 때문에 이렇게 많은 사람들에게 해를 가할 수 없다. 무당이 잘못하면 사회의 다른 구성원처럼 법대로 처벌받을 뿐이다. 간혹 신문을 보면 무당들이 굿을 미끼로 신도의 돈을 갈취했다는 기사가 보이는데 이럴 때 무당이 종교인이라고 봐주는 경우는 전혀 없다. 무당은 종교를 앞세워 사람을 죽이지도 않지만 설혹 사람을 죽인다 해도 실정법에 따라 처벌될 뿐이다.

그러나 이렇게 한번 가정해 보자. 무당 중에 걸출한 이가 나와 교리를 이론적으로 매우 정교하게 만들고 온갖 수를 써서 정치권과 결탁했을 뿐만 아니라 큰 종교 조직도 만들었다고 하자. 그렇게 되면 이런 무교가 사회에서 정통 신앙으로서 인정받을 가능성이 훨씬 커진다. 이것은 공연한 상상이 아니라 실제로 그런 예가 있어 하는 소리이다. 일본의 신도가 바로 그것이다.

일본의 신도는 기본적으로 한국의 무교와 다를 게 없는 원시 신앙에 가까운 종교이다. 이렇다 할 교리도 없고 경전도 없다. 그냥 신령 잘 모셔서 복 받자는 것이다. 그런데 이 신도는 일본의 정치권과 결탁하였다. 그래서 일본의 대표 종교가 되었다. 지금 세계 종교계에서 일본의 신도를 미신으로 매도하는 사람은 없다. 그리고 신사에서 근무하는 궁사(宮土)들도 우상숭배자라고 지탄받기는커녕 사회에서 나름대로 존경받는다. 한국 전역에 무당집이 있듯이 일본 전역에도 신사가 있다. 아무리 비싼 동경의 땅이라도 신사가 없는 곳은 없다. 게다가 신사 건물들 가운데에는 문화재가 된 것이 한 둘이 아니다. 일본의 세계적인 현대 건축가인 '안도 다다오' 같은 사람은 '물 위의 사원(신

안도 다다오의 '물 위의 신사"

사)'을 설계해 세계적인 주목을 받았다.

　이 이외에도 일본 신도에 관한 좋은 이야기는 아주 많다. 이런 것이 가능했던 것은 일본인들이 신도를 그네들의 정통 신앙으로 인정해 체제 안으로 끌어들였기 때문이다. 그런데 한국인들은 일본인들처럼 하지 않았다. 한국의 무교에도 일본 신도만큼이나 현대에 재조명해야 할 것들이 많다. 그런 것들이 가능하려면 한국인들이 솔직하게 무교를 자기들의 근본 신앙으로 받아들여야 한다. 그리고 체제 안으로 흡수해 공개적으로 그 발전 대책을 강구해 나가야 한다. 그러나 개인적으로 생각해 보건대 이런 일이 가까운 미래에 생길 것 같지는 않다. 한국인들이 자신의 문화나 정신을 타자의 시각으로 본 세월이 너무나 길었기 때문이다. 앞으로 한국인들이 이런 피식민 백성의 근성을 탈피할지 어떨지는 순전히 한국인 자신들에게 달렸다.

마치며

이 책은 한국 종교의 기본 코드를 무교로 보고, 그 시각에서 한국 종교 전반을 일별해 본 것이다. 그 결과 한국인들은 어떤 종교를 갖든지 기본적으로 무교적인 틀로 신앙생활을 하고 있는 것을 알 수 있었다. 그러니까 한국인들은 어떤 신앙을 갖든지 그 숭배하는 대상이 명목상으로만 다를 뿐 실제의 신앙 구조와 내용은 똑같다는 것이다. 그리스도교인들의 기도에서 하느(나)님을 빼고 그 자리에 부처님을 넣으면 그게 바로 불교도의 기도가 되고, 불교도의 기도에서 부처님을 빼고 '대신할머니'를 집어넣으면 무당 신봉자의 기도가 된다.

그런데 문제는 한국인들이 자신들의 실질적인 신앙이 낮은 수준의 기복신앙이라는 사실을 인정하지 않는다는 데에 있다고 했다. 몸은 한국인인데 겉에 양복을 입었다고 그 사람이 서양인이 될 수 없듯이, 한국인이 그리스도교를 믿는다고 쉽사리 서양 그리스도교인이 되지는 않는다. 사정이 그러한데도 한국의 그리스도교인들은 우월한 입장에서 자신을 진정한(authentic) 그리스도교인이라 생각하고 무교와 같은 전통 종교 믿는 사람들을 열등하다고 생각한다.

이 책은 다음과 같은 원론적 대전제에서 출발하여, 다시 한번 그 전제 조건의 타당성을 확인하고 있다. 즉, 우선 우리는 한국인들이 대체로 다음의 그림에서 보이는 바와 같이 두 층의 의식 구조를 가지고 있다는 전제로 출발했다.

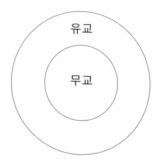

〈두 층으로 구성되어 있는 한국인의 의식 구조〉

즉 표층이 유교의 영향을 받는다면 심층은 무교의 영향권 내에 있다는 것이다. 한국인들은 사회생활을 할 때에는 철저하게 유교적인 가치에 의존하지만 그 뿌리로 들어가면 지금까지 본 것처럼 무교적인 세계관에 침윤되어 있다. 그래서 한국인은 수백 년 동안 불교를 믿었어도, 혹은 최근에 열렬하게 그리스도교를 받아들여 그리스도교에 모든 것을 다 바칠 정도로 맹렬한 신앙을 갖고 있어도, 내면은 이 두 층으로 구성되어 있는 것을 알 수 있다.

그런 까닭에 한국의 그리스도교 신자가 미국의 그리스도교 신자와 느끼는 종교적인 친밀감보다는 한국의 불교도와 느끼는 문화적인 친밀감이 훨씬 강하다. 그것은 한국인의 내면이 같은 구조로 되어 있기 때문이다. 사회학에서는 한국인을 연구 조사할 때 종교적인 변수는 고려하지 않는다고 한다. 한국인들은 무슨 종교를 믿든지 간에 그것에 관계 없이 똑같은 가치 체계를 갖고 있기 때문에 굳이 종교에 대해 조사할 필요가 없다는 것이다.

이제 한국인은 자신들의 문화적인 정체성에 대해 외래적인 시각이 아니라 자신들의 눈으로 똑바로 보아야 한다. 대부분의 한국인들은 내면적으로는 무교적인 세계관을 갖고 있으면서 그것을 부정하고 있으니 정신분열증이라도 걸릴 판이다. 머리와 몸이 따로 노는 것이다. 그런데 우리의 무교는 결코 그렇게 무시당해도 좋을 만한 저급한 종교가 아니다. 우리는 도교 사원(도관, 道觀)에 가서 관우 상 앞에서 비는 중국인들 보고 우상숭배자라고 하지 않고, 신사(神社)에 가서 박수를 치면서 기원을 하는 일본인들을 두고 저급한 신앙을 하는 사람이라고 하지 않는다.

야스쿠니 신사에 일본 수상이 참배하러 갈 때 우리가 그를 비난하는 것은 정치적인 이유이지, 종교적으로 그가 저급한 신앙을 하기 때문이 아니다. 그런데 한국의 정치 실세 가운데 한국 문화의 뿌리인 무교를 자랑스럽게 생각하는 사람은 거의 없다! 동북아 삼국 가운데 유독 한국인들만 자신의 문화적인 뿌리를 '잘 알지도 못하면서' 부정하려 한다.

이제부터라도 한국인들은 비록 머리는 외래 종교를 믿는지 모르지만 몸은 토속종교로서의 무교에 함몰되어 있다는 것을 솔직하게 인정해야 한다. 그리고 그 토속 종교에 들어 있는 많은 요소를 발전시키기 위해 노력해야 할 것이다. 그래야 한국인들은 잃어버린 종교적인 정체성을 찾아 표리가 일치하는 정신적 성숙을 달성할 수 있다. 우리는 무교가 중심이 된 우리의 근본 신앙을 이렇게 방치해 놓아서는 안 된다. 이것은 무교 안에 대단한 문화적 자산이 숨겨져 있기 때문인데 그 증거는 여러 군데에서 발견된다.

이에 대한 예는 단행본으로도 열거하는 일이 힘들 정도로 그 수가 많다. 따라서 그것을 다 볼 수는 없고 여기서는 단지 정리하는 의미에서 아주 간단한 예를 몇몇 들어보자. 우선 서사 문학을 하는 사람들은 굿을 한국 문화의 보고라고 주장한다. 무당들의 노래가 너무나도 다양하기 때문이다. 바리공주 무가 하나만 해도 서너 시간을 구송하는 것이니 그 안에 탐구해야 할 것이 얼마나 많겠는가? 그런데 무가는 기본적으로 음악이니 음악적으로도 아주 다양한 내용을 갖고 있을 것이다. 현재 성주풀이처럼 경기도나 경상도에서 불리던 많은 민요는 원래 굿판에서 무당들이 부르던 노래였다.

그런가 하면 남도의 시나위 굿판에서 태동한 시나위 음악은 한국 민속 음악의 백미 아닌가? 그리고 거기서 파생한 산조 음악은 '가야금 산조'나 '대금 산조'의 예처럼 예술성이 뛰어나다. 그런데 한국인들은 이 음악만 인정할 뿐이지, 이 음악이 나온 배경이 굿판이라는 사실은 무시한다. 무교에서 종교는 떼어 내고 예술만 가져가려 하는 것이다. 이렇게 뛰어난 음악이 나왔다는 것은 그 의례의 종교성도 뛰어난 것임을 방증해주는 것인데, 한국인들은 당최 그것을 인정하려 하지 않는다. 이런 무교에 대해 자신감을 가져도 시원치 않을 판인데, 한국인들은 미신이라고 죽을힘을 다해서 외면 내지 부정한다.

이것은 춤도 마찬가지이다. 굿판에서 연주되는 곡은 모두 무용 반주 음악이기도 하다. 시나위 음악에 맞춰서 추던 춤이 바로 세계적인 춤인 살풀이다. 물론 지금 우리가 보는 살풀이는 1930년대에 한성준이라는 분이 무대화한 것이지만 그 원류는 굿판에서 나온 것이다. 이 살풀이춤이 가히 세계적이라고 할 수 있는 이유 중의 하나는 십수 년 전에 한국에 온 프랑스의 아비뇽 축제의 관계자 말 속에서 찾을 수 있다. 그는 이 축제에 초청할 한국 예술가를 선정할 요량으로 한국에 와서 많은 공연을 보았다. 주로 현대 무용을 하는 사람들을 보았던 모양인데, 당시에 그를 만족시켜 줄 만한 춤꾼은 없었다. 그가 보기에 한국인들이 하는 무용은 자기네 것을 모방한 것처럼 보였기 때문이리라. 한국 측에서는 하는 수 없이 전통 무용을 보여줬는데 그때 선정된 게 이매방의 살풀이춤이었다. 이 공연을 본 프랑스 관계자는 시쳇말로 '뻑갔다'라고 한다. "사람이 어떻게 저렇게 춤을 잘 추느냐"라는 말과 함께. 이 춤이 세계적이라고 한 것은 이런 맥락에서 가능했던 것이다.

그런데 정작 우리 한국인들 가운데 이 춤을 감상할 만한 식견을 가진 사람이 몇이나 될까? TV에 행여 살풀이춤이 나올라치면 바로 채널을 돌릴 판이다. 이게 바로 우리의 현실이다. 한국인들은 예술성이 하늘을 찌르는 자신의 민속 예술을 읽어 낼 수 있는 코드는 다 잃(잊)어버리고 그것을 잃(잊)은 줄도 모른다. 마치 우리의 정신적 뿌리인 무교를 다 잃(잊)어버리고 그것을 잃(잊)어버린 것조차 모르는 것과 똑같은 상황이다.

그나마 최근에는 K-한류 열풍이 일어나면서, 한국 문화의 우수성에 대한 자긍심도 높아지고 관심을 갖는 분야도(외국인이든 한국인이든) 더 다양화·다변화하고 있는 점은 다행스러운 일이라 할 수 있다.

굿판은 이 이외에도 많은 문화적 자산을 갖고 있다. 음식이나 복식도 빠트릴 수 없는 분야이다. 원래 굿판에는 가장 최상의 음식을 제물로 바쳐야 하기 때문에 이 음식에 관한 연구는 한국 음식 연구에 큰 도움을 줄 것이 틀림없다. 다만 자료가 많이 남아 있지 않은 것이 제약 조건이 될 듯하다. 복식도 무시할 수 없다. 굿판에서는 십여 거리가 연행되는데 거리마다 모셔지는 신이 다르기 때문에 무당은 항상 다른 옷을 입어야 한다. 그래서 무당들은 굿을 할 때 큰 트렁크 두 개를 옷으로 꽉 채워서 다닌다. 거기에는 옷만 있는 게 아니다. 머리 장식 같은 소소한 것들도 많이 있다. 이러한 다양한 복식은 전통 복식을 연구하는 사람들에게 많은 자료를 제공할 것이 틀림없다.

그런가 하면 굿판은 한마디로 즉흥 연극판이라고도 할 수 있다. 큰 틀은 있지만 각본은 정형화되지 않은 연극판이라는 것이다. 따라서 한국적인 연극을 연구하는 사람에게는 굿판이 매력적인 일차 자료가 아닐 수 없을 것이다.

그러나 무교는 기본적으로 종교이다. 따라서 종교학적으로도 많은 함의를 갖고 있을 터이니 종교학자들은 이것을 연구해야 할 것이다. 아울러 앞에서 로랄 켄들이라는 미국의 인류학자를 인용한 것처럼 무교는 인류학자들에게도 대단히 훌륭한 연구 대상이 될 것임이 틀림없다.

이렇듯 무교를 연구할 수 있는 시각은 다양하기 짝이 없다. 여기서는 그 시각이 부족한 것을 탓할 것이 아니라 지면이 한정되어 있음을 애석하게 생각해야 할 것이다.

이렇게 한국의 무교는 모든 면에서 풍부하다. 앞으로 한국인들은 지금처럼 종교 제국주의에 빠져 자신들의 전통을 외래의 시각으로 폄하하고 부정하는 것을 하루빨리 청산하고 열린 마음으로 자신의 문화적 정체성을 찾아야 한다. 이를 위해 한국인들은 무교가 중심이 된 우리의 민간신앙을 연구하는 데에 더 많은 관심을 쏟아야 하고 과감한 재정 투자를 해야 한다.

이런 일은 어느 외국인도 해줄 수 없다. 우리가 우리 것을 제대로 보고 연구하지 않으면 다른 어떤 외국인도 우리를 대신해서 해주지 않는다. 그런데 우리는 지금 지나칠 정도로 큰 노력과 재정을 외래 종교를 믿고 발전시키는 데에 투자하고 있다. 우리가 외래 종교에 그렇게 열심히 천착해 봐야 그 종교를 수출한 나라에서는 우리에게 별로 고마워하지 않는다. 대신 그들은 우리에게 한국 것을 더 열심히 해 달라고 주문한다. 여러 해 전에 세계적인 사회철학자인 하버마스가 한국을 왔다 가면서 이런 취지의 이야기를 남겼다. "왜 한국인들은 내 철학을 연구하는가? 한국인들은 자신들의 철학인 불교와 유교를 더 연구해야 하지 않는가"라고 말이다. 나는 하버마스가 제시한 불교와 유교에 하나를 더 덧붙이고 싶다. 우리 한국인의 근본 신앙인 무교를 말이다.

찾아보기

무교巫教 — 권력에 밀린 한국인의 근본신앙(개정판)

등록 1994.7.1 제1-1071
개정판 1쇄 발행 2024년 6월 25일
개정판 2쇄 발행 2024년 11월 30일

지은이 최준식
펴낸이 박길수
편집장 소경희
편 집 조영준
관 리 위현정
디자인 조영준
펴낸곳 도서출판 모시는사람들
　　　　03147 서울시 종로구 삼일대로 457(경운동 수운회관) 1306호
전 화 02-735-7173 / 팩스 02-730-7173

인 쇄 피오디북(031-955-8100)
배 본 문화유통북스(031-937-6100)
홈페이지 http://www.mosinsaram.com/

값은 뒤표지에 있습니다.
ISBN 979-11-6629-193-7　　　　03200